MANUEL
POUR LA CONCORDANCE
DES
CALENDRIERS
RÉPUBLICAIN ET GRÉGORIEN,
OU
RECUEIL COMPLET
De tous les Annuaires depuis la première année républicaine.

NOUVELLE ÉDITION,

Dans laquelle les Tables de concordance sont portées jusqu'à l'an XLII-1834.

A PARIS,
CHEZ ANTOINE-AUGUSTIN RENOUARD,
LIBRAIRE, RUE DE TOURNON, N° 6,
ci-devant rue S.-André-des-Arcs, n° 55.

M. DCCC. XXII.

DE L'IMPRIMERIE DE CRAPELET.

AVERTISSEMENT.

Le Calendrier républicain étant aboli, et l'usage du Calendrier grégorien rétabli, à compter du premier Janvier 1806, une concordance de ces deux Calendriers est devenue d'une nécessité indispensable, non seulement pour tout administrateur, pour tout homme dans les affaires, non seulement pour tout Français, mais encore pour l'immensité de ceux qui, hors de la France, de l'Europe même, ont avec la France et les Français des relations de toute nature. Occupé de cette concordance, dès le moment où la suppression du Calendrier républicain a pu être prévue, j'ai pensé qu'elle devait être disposée de manière à ne laisser absolument rien à désirer, que les renseignemens de toute nature devaient y être réunis, pour en former un mémorial complet de tout ce qui est relatif à la nomenclature et à la dénomination des dates, pendant toute la durée de l'ère républicaine. On trouvera donc réunis dans ce volume, les Calendriers exacts dans les deux styles, mois républicains et grégoriens; noms des jours décadaires et hebdomadaires ; saints ; fêtes ; exacte indication du nombre des dimanches entre les diverses fêtes mobiles; jours de la lune; divisions et manières de compter adoptées de temps immémorial dans les Calendriers ecclésiastiques, et enfin la concordance avec le Calendrier julien, que suivent encore les Chrétiens de la communion grecque. Le Calendrier rural a même été admis dans ce volume, non pas comme pièce qu'on soit jamais dans le cas de beaucoup consulter, mais comme l'un des documens historiques relatifs à l'ère républicaine.

La série des 14 annuaires complets, commence par celui de la première année républicaine : cette disposition, la plus naturelle et peut-être même la seule admissible, pourra rencontrer quelques personnes qui objecteront qu'on n'aurait dû commencer qu'à l'an IIe, époque du décret qui établit le Calendrier républicain. Mais n'eût-il pas semblé étrange de commencer par une seconde année, tandis qu'au moyen de quelques pages de plus on a pu compléter la série entière : il est d'ailleurs plus d'une occasion où l'on peut aussi avoir besoin de connaître, même pour cette première année, le rapport des deux styles. Il suffit de faire remarquer ici, qu'après le décret du 5 octobre 1793 qui abolissait l'usage du Calendrier grégorien, pour les usages civils, la Convention nationale data le lendemain son procès-verbal du 15e *jour du* 1er *mois de l'an IIe de la République française, une et indivisible*, et continua ainsi jusqu'au 3e jour du 2e mois inclusivement.

La commission nommée pour les dénominations à donner aux mois et aux jours du Calendrier, ayant fait son rapport le 3e jour du 2e mois, et proposé les noms de *Vendémiaire, Brumaire, etc.* le lendemain 4, la Convention data son procès-verbal du 4 *Brumaire de l'an IIe de la République française, une et indi-*

visible ; et par le décret du 4 Frimaire suivant, imprimé dans ce volume, furent définitivement établis ces noms des mois, ainsi que ceux des jours de la décade, *Primidi*, *Duodi*, etc. ; la nomenclature qui forme le Calendrier rural fit aussi partie du Calendrier promulgué avec le décret de ce jour-là.

Quant à la répétition constante des doubles noms des jours de la décade et de la semaine, c'était une partie nécessaire du Calendrier ; et du complément absolu de ces listes dépend, beaucoup plus qu'on ne s'imagine, la facilité, la promptitude et surtout l'exactitude des recherches. Les noms décadaires disparaissent en Floréal an x, époque à laquelle l'usage en a été abandonné. Quant aux saints, aux fêtes mobiles, dont chaque année donne la nomenclature suivie, leur suppression eût beaucoup diminué l'utilité de cette Concordance. Combien de personnes se rappellent que tel événement public ou particulier qui les intéresse, a eu lieu le jour ou vers le temps de telle fête, de telle solennité de l'église, qui, sans le secours d'un Calendrier bien complet, seraient dans l'impossibilité absolue de faire coïncider cette fête avec telle date républicaine, dont la connaissance leur serait devenue nécessaire ! la difficulté serait bien plus grande encore lorsqu'il s'agirait d'une fête mobile.

Cette Concordance ne ressemble en rien aux tableaux, aux Calendriers perpétuels, et autres méthodes abrégées, dont l'usage est toujours plus ou moins pénible par le temps qu'il faut employer à les consulter, et surtout aussi par l'espèce d'hésitation qu'elles occasionnent et l'incertitude qu'elles laissent presque toujours dans l'esprit de ceux qui en font usage. Quel est l'homme d'état, le jurisconsulte ayant à s'assurer d'une date importante, le négociant ayant à vérifier l'échéance d'un effet de commerce, qui ne préférera pas un livre exact, eût-il plus de 200 pages, au tableau même le plus ingénieux avec lequel les hommes les plus versés dans les affaires sont à tous instans exposés à faire erreur d'un jour, d'un mois, d'une année ?

Dans la première édition de ce Recueil, après les Calendriers complets des 14 années républicaines, on trouvait une concordance des sept années suivantes, mais abrégée de manière qu'elle présentait seulement la double date du premier jour de chaque mois. Cette concordance abrégée sera, dans cette édition, d'un usage beaucoup plus facile et plus sûr, parce qu'elle indique la date d'un jour sur dix, au lieu d'un sur trente, et surtout aussi parce que ces tables abrégées, qui n'allaient que jusqu'au 1er Vendémiaire an XXII, ont été poussées jusqu'à l'an XLII-1834, prolongation très utile pour la fixation des termes et échéances des baux à longues années, et des obligations à longs termes.

R.

DÉCRETS
RELATIFS A L'ÉTABLISSEMENT
DE L'ÈRE RÉPUBLICAINE.

Décret de la Convention nationale, concernant l'Ère des Français.

Du 5 Octobre 1793, l'an second de la République française, une et indivisible.

La Convention nationale, après avoir entendu son Comité d'Instruction publique, décrète ce qui suit :

ARTICLE PREMIER.

L'ère des Français compte de la fondation de la république, qui a eu lieu le 22 septembre 1792 de l'ère vulgaire, jour où le soleil est arrivé à l'équinoxe vrai d'automne, en entrant dans le signe de la balance, à 9 heures 18 minutes 30 secondes du matin, pour l'Observatoire de Paris.

II. L'ère vulgaire est abolie pour les usages civils.

III. Le commencement de chaque année est fixé à minuit, commençant le jour où tombe l'équinoxe vrai d'automne pour l'Observatoire de Paris.

IV. La première année de la république française a commencé à minuit 22 septembre 1792, et a fini à minuit, séparant le 21 du 22 septembre 1793.

V. La deuxième année a commencé le 22 septembre 1793 à minuit, l'équinoxe vrai d'automne étant arrivé pour l'Observatoire de Paris, à 3 heures 7 minutes 19 secondes du soir.

VI. Le décret qui fixait le commencement de la seconde année au 1er janvier 1793, est rapporté. Tous les actes datés l'an 2e de la république, passés dans le courant du 1er janvier au 22 septembre exclusivement, sont regardés comme appartenant à la première année de la république.

VII. L'année est divisée en douze mois égaux de trente jours chacun, après lesquels suivent cinq jours pour compléter l'année ordinaire, et qui n'appartiennent à aucun mois; ils sont appelés les *jours complémentaires.*

VIII. Chaque mois est divisé en trois parties égales de dix jours chacune, et qui sont appelées *décades*, distinguées entre elles par première, seconde et troisième.

IX. Les mois, les jours de la décade, les jours complémentaires, sont désignés par les dénominations ordinales premier, second, troisième, etc. mois de l'année; premier, second, troisième, etc. jour de la décade; premier, second, troisième, etc. jour complémentaire.

X. En mémoire de la révolution qui, après quatre ans, a conduit la France au Gouvernement républicain, la période bissextile de quatre ans est appelée *la Franciade.*

Le jour intercalaire qui doit terminer cette période, est appelé le jour de *la Révolution.* Ce jour est placé après les cinq jours complémentaires.

XI. Le jour, de minuit à minuit, est divisé en dix parties; chaque partie en dix autres, ainsi de suite jusqu'à la plus petite portion commensurable de la durée. Cet article ne sera de rigueur pour les actes publics qu'à compter du 1er du premier mois de la troisième année de la république.

XII. Le comité d'instruction publique est chargé de faire imprimer en différens formats le nouveau Calendrier, avec une instruction simple pour en expliquer les principes et les usages les plus familiers.

XIII. Le nouveau Calendrier ainsi que l'instruction seront envoyés aux corps administratifs, aux municipalités, aux tribunaux, aux juges de paix et à tous les officiers publics, aux instituteurs et professeurs, aux armées et aux sociétés populaires. Le conseil exécutif provisoire les fera passer aux ministres, consuls et autres agens de France dans les pays étrangers.

XIV. Tous les actes publics sont datés suivant la nouvelle organisation de l'année.

XV. Les professeurs, les instituteurs et institutrices, les pères et mères de famille, et tous ceux qui dirigent l'éducation des enfans de la république, s'empresseront de leur expliquer le nouveau Calendrier, conformément à l'instruction qui y est annexée.

XVI. Tous les quatre ans, ou toutes les Franciades, au jour de la Révolution, il sera célébré des jeux républicains en mémoire de la révolution française.

Décret de la Convention nationale, qui fixe l'époque à laquelle les opérations des différentes Administrations seront réglées suivant le Calendrier républicain.

Du 1er jour du 2e mois de l'an second de la République française, une et indivisible.

La Convention nationale, après avoir entendu son comité des finances, décrète :

ARTICLE PREMIER.

Pour toutes les administrations dont la comptabilité est établie par exercices, celui commencé au 1er janvier 1793, continuera jusqu'au premier jour du premier mois de la troisième année de l'ère républicaine.

II. Toutes les administrations dont les recettes, dépenses et opérations quelconques, étaient divisées par trimestres, adopteront le Calendrier républicain, de manière que le trimestre courant finisse au dernier jour du troisième mois (20 décembre 1793, vieux style).

III. Toutes les administrations dont les recettes, dépenses et opérations quelconques, étaient divisées par mois et portions de mois, adopteront le Calendrier républicain, de manière qu'il ait son entier effet le premier jour du troisième mois.

IV. Toutes les administrations dont les recettes, dépenses et opérations quelconques, étaient divisées par semaines, adopteront la division par décades du Calendrier républicain, de manière qu'il ait son entier effet le premier jour de la première décade du troisième mois.

Décret de la Convention nationale sur l'ère, le commencement et l'organisation de l'année, et sur les noms des jours et des mois.

Du 4ᵉ jour de Frimaire an second de la République française, une et indivisible.

La Convention nationale, après avoir entendu son comité d'instruction publique, décrète ce qui suit :

Article premier.

L'ère des Français compte de la fondation de la république, qui a eu lieu le 22 septembre 1792 de l'ère vulgaire, jour où le soleil est arrivé à l'équinoxe vrai d'automne, en entrant dans le signe de la balance à 9 heures 18 minutes 30 secondes du matin, pour l'Observatoire de Paris.

II. L'ère vulgaire est abolie pour les usages civils.

III. Chaque année commence à minuit, avec le jour où tombe l'équinoxe vrai d'automne pour l'Observatoire de Paris.

IV. La première année de la république française a commencé à minuit le 22 septembre 1792, et a fini à minuit, séparant le 21 du 22 septembre 1793.

V. La seconde année a commencé le 22 septembre 1793 à minuit, l'équinoxe vrai d'automne étant arrivé ce jour-là pour l'Observatoire de Paris à 3 heures 11 minutes 38 secondes du soir.

VI. Le décret qui fixait le commencement de la seconde année au 1ᵉʳ janvier 1793 est rapporté ; tous les actes datés de l'an second de la république, passés dans le courant du 1ᵉʳ janvier au 21 septembre inclusivement, sont regardés comme appartenant à la première année de la république.

VII. L'année est divisée en douze mois égaux, de trente jours chacun : après les douze mois suivent cinq jours pour compléter l'année ordinaire ; ces cinq jours n'appartiennent à aucun mois.

VIII. Chaque mois est divisé en trois parties égales, de dix jours chacune, qui sont appelées *Décades*.

IX. Les noms des jours de la décade sont : Primidi, Duodi, Tridi, Quartidi, Quintidi, Sextidi, Septidi, Octidi, Nonidi, Décadi.

Les noms des mois sont, pour l'Automne, *Vendémiaire*, *Brumaire*, *Frimaire*.

Pour l'Hiver, *Nivôse*, *Pluviôse*, *Ventôse*.

Pour le Printemps, *Germinal*, *Floréal*, *Prairial*.

Pour l'Été, *Messidor*, *Thermidor*, *Fructidor*.

Les cinq derniers s'appellent jours *Sans-Culotides* (1).

X. L'année ordinaire reçoit un jour de plus, selon que la position de l'équinoxe le comporte, afin de maintenir la coïncidence de l'année civile avec les mouvemens célestes. Ce jour, appelé *jour de la Révolution*, est placé à la fin de l'année, et forme le sixième des *Sans-Culotides*.

La période de quatre ans, au bout de laquelle cette addition d'un jour est ordinairement nécessaire, est appelée *la Franciade*, en mémoire de la révolution qui, après quatre ans d'efforts, a conduit la France au gouvernement républicain. La quatrième année de la *Franciade* est appelée *Sextile*.

XI. Le jour, de minuit à minuit, est divisé en dix parties ou heures, chaque partie en dix autres, ainsi de suite jusqu'à la plus petite portion commensurable de la durée. La centième partie de l'heure est appelée *minute décimale* ; la centième partie de la minute est appelée *seconde décimale*. Cet article ne sera de rigueur pour les actes publics, qu'à compter du 1er vendémiaire, l'an trois de la république.

XII. Le comité d'instruction publique est chargé de faire imprimer, en différens formats, le nouveau Calendrier, avec une instruction simple pour en expliquer les principes et l'usage.

XIII. Le Calendrier, ainsi que l'instruction, seront envoyées aux corps administratifs, aux municipalités, aux tribunaux, aux juges de paix et à tous les officiers publics, aux armées, aux sociétés populaires et à tous les colléges et écoles. Le conseil exécutif provisoire le fera passer aux ministres, consuls et autres agens de France dans les pays étrangers.

XIV. Tous les actes publics seront datés suivant la nouvelle organisation de l'année.

---

(1) Par un décret du 7 fructidor an 3, la Convention a rapporté cette disposition, et ordonné que les derniers jours du Calendrier républicain porteraient le nom de *jours complémentaires*, au lieu de celui de *Sans-Culotides*.

XV. Les professeurs, les instituteurs et institutrices, les pères et mères de famille, et tous ceux qui dirigent l'éducation des enfans, s'empresseront à leur expliquer le nouveau Calendrier, conformément à l'instruction qui y est annexée.

XVI. Tous les quatre ans, ou toutes les Franciades, *au jour de la Révolution*, il sera célébré des jeux républicains, en mémoire de la révolution française.

ARTICLES PRINCIPAUX

DU

CALENDRIER.

ANNÉE de la Période julienne........ 6506

Depuis la première Olympiade d'Iphitus jusqu'en juillet.... 2567

De la fondation de Rome, selon Varron (Mars)............ 2546

De l'époque de Nabonassar, depuis février............... 2540

De l'Hégire ou époque des Turcs (Julienne)............... 1171

L'année 1208 des Turcs commencera le 22 thermidor an 1er (9 août 1793).

Comput ecclésiastique pour 1793.

Nombre d'or........................ 8

Épacte............................ XVII

Cycle solaire....................... 10

Indiction romaine................... 11

Lettre dominicale................... F

STYLE DÉCAD.	VENDÉMIAIRE.	STYLE GRÉGOR.	SEPTEMB.-OCTOB.		STYLE JULIEN.	Age de la lune.
1	Prim.	22 Septembre 1792.	Sam.	s. Maurice	11 Septembre 1792.	7
2	Duodi	23	17 *D.*	s^te Thècle	12	8
3	Tridi	24	Lundi	s. Andoche	13	9
4	Quart.	25	Mardi	s. Firmin	14	10
5	Quint.	26	Merc.	s^te Justine	15	11
6	Sextidi	27	Jeudi	s. C. s. D.	16	12
7	Septidi	28	Vend.	s. Céran	17	13
8	Octidi	29	Sam.	s. Michel	18	14
9	Nonidi	30	18 *D.*	s. Jérôme	19	15
10	*Decadi*	1 Octobre.	Lundi	s. Remi	20	16
11	Prim.	2	Mardi	ss. Anges	21	17
12	Duodi	3	Merc.	s. Den. A.	22	18
13	Tridi	4	Jeudi	s. Franç.	23	19
14	Quart.	5	Vend.	s^te Aure	24	20
15	Quint.	6	Sam.	s. Bruno	25	21
16	Sextidi	7	19 *D.*	s. Serge	26	22
17	Septidi	8	Lundi	s. Dem.	27	23
18	Octidi	9	Mardi	s. DENIS	28	24
19	Nonidi	10	Merc.	s. Géréon	29	25
20	*Decadi*	11	Jeudi	s. Nicaise	30	26
21	Prim.	12	Vend.	s. Wilfr.	1 Octobre.	27
22	Duodi	13	Sam.	s. Géraud	2	28
23	Tridi	14	20 *D.*	s. Caliste	3	29
24	Quart.	15	Lundi	s^te Thérès.	4	30
25	Quint.	16	Mardi	s. Gal, ab.	5	1
26	Sextidi	17	Merc.	s. Cerb.	6	2
27	Septidi	18	Jeudi	s. Luc, év.	7	3
28	Octidi	19	Vend.	s. Savinien	8	4
29	Nonidi	20	Sam.	s. Sendou	9	5
30	*Decadi*	21	21 *D.*	s^te Ursule	10	6

STYLE DÉCAD.	BRUMAIRE.	STYLE GRÉGOR.	OCTOBRE-NOVEMB.		STYLE JULIEN.	Age de la lune.
1	Prim.	22 Octobre 1792.	Lundi	s. Mellon	11 Octobre 1792.	7
2	Duodi	23	Mardi	s. Hilar.	12	8
3	Tridi	24	Merc.	s. Maglo.	13	9
4	Quart.	25	Jeudi	s. C. s. C.	14	10
5	Quint.	26	Vend.	s. Rustiq.	15	11
6	Sextidi	27	Sam.	s. Frum.	16	12
7	Septidi	28	22 *D.*	s. S. s. J.	17	13
8	Octidi	29	Lundi	s. Faron	18	14
9	Nonidi	30	Mardi	s. Lucain	19	15
10	*Decadi*	31	Merc.	*Vigil. J.*	20	16
11	Prim.	1 Novembre.	Jeudi	TOUSS.	21	17
12	Duodi	2	Vend.	MORTS	22	18
13	Tridi	3	Sam.	s. Marcel	23	19
14	Quart.	4	23 *D.*	s. Charles	24	20
15	Quint.	5	Lundi	ste Bertile	25	21
16	Sextidi	6	Mardi	s. Léonard	26	22
17	Septidi	7	Merc.	s. Willeb	27	23
18	Octidi	8	Jeudi	stes Reliq.	28	24
19	Nonidi	9	Vend.	s. Mathur.	29	25
20	*Decadi*	10	Sam.	s. Léon	30	26
21	Prim.	11	24 *D.*	s. Martin	31	27
22	Duodi	12	Lundi	s. René	1 Novembre.	28
23	Tridi	13	Mardi	s. Gend.	2	29
24	Quart.	14	Merc.	s. Mart. p.	3	1
25	Quint.	15	Jeudi	s. Eugène	4	2
26	Sextidi	16	Vend.	s. Eucher	5	3
27	Septidi	17	Sam.	s. Agnan	6	4
28	Octidi	18	25 *D.*	ste Aude	7	5
29	Nonidi	19	Lundi	ste Élisab.	8	6
30	*Decadi*	20	Mardi	s. Edmo.	9	7

STYLE DÉCAD.	FRIMAIRE.	STYLE GRÉGOR.	NOVEMBRE-DÉC.		STYLE JULIEN.	Age de la lune.
1	Prim.	21 Novembre 1792.	Merc.	Pr. N. D.	10 Novembre 1792.	8
2	Duodi	22	Jeudi	ste Cécile	11	9
3	Tridi	23	Vend.	s. Clément	12	10
4	Quart.	24	Sam.	s. Severin	13	11
5	Quint.	25	26 *D.*	ste Cather.	14	12
6	Sextidi	26	Lundi	ste Genev.	15	13
7	Septidi	27	Mardi	s. Vital.	16	14
8	Octidi	28	Merc.	s. Sosthè.	17	15
9	Nonidi	29	Jeudi	s. Saturn.	18	16
10	*Decadi*	30	Vend.	s. André	19	17
11	Prim.	1 Décembre.	Sam.	s. Éloi	20	18
12	Duodi	2	1 *D.*	*Avent*	21	19
13	Tridi	3	Lundi	s. Mirocl.	22	20
14	Quart.	4	Mardi	ste Barbe	23	21
15	Quint.	5	Merc.	s. Sabas	24	22
16	Sextidi	6	Jeudi	s. Nicolas	25	23
17	Septidi	7	Vend.	ste Fare	26	24
18	Octidi	8	Sam.	CONCEP.	27	25
19	Nonidi	9	2 *D.*	ste Gorgo.	28	26
20	*Decadi*	10	Lundi	ste Valère	29	27
21	Prim.	11	Mardi	s. Fuscien	30	28
22	Duodi	12	Merc.	s. Damas	1 Décembre.	29
23	Tridi	13	Jeudi	ste Luce	2	30
24	Quart.	14	Vend.	s. Nicaise	3	1
25	Quint.	15	Sam.	s. Memin	4	2
26	Sextidi	16	3 *D.*	ste Adél.	5	3
27	Septidi	17	Lundi	ste Olym.	6	4
28	Octidi	18	Mardi	ste Meuris	7	5
29	Nonidi	19	Merc.	*Quatre-T.*	8	6
30	*Decadi*	20	Jeudi	s. Philog.	9	7

STYLE DÉCAD.	NIVÔSE.	STYLE GRÉGOR.		DÉCEMBRE-JANV.		STYLE JULIEN.		Age de la lune.
1	Prim.	21	Décembre 1792.	Vend.	s. Thomas	10	Décembre 1792.	8
2	Duodi	22		Sam.	s. Ischyr.	11		9
3	Tridi	23		4 *D.*	s. Yves	12		10
4	Quart.	24		Lundi	*Vigil.-J.*	13		11
5	Quint.	25		Mardi	NOEL	14		12
6	Sextidi	26		Merc.	s. Étienne	15		13
7	Septidi	27		Jeudi	s. Jean, é.	16		14
8	Octidi	28		Vend.	ss. Innoc.	17		15
9	Nonidi	29		Sam.	s. Th. C.	18		16
10	*Decadi*	30		*Dim.*	sᵗᵉ Colom.	19		17
11	Prim.	31		Lundi	s. Sylvest.	20		18
12	Duodi	1	Janvier 1793.	Mardi	CIRCONC.	21		19
13	Tridi	2		Merc.	s. Basile	22		20
14	Quart.	3		Jeudi	sᵗᵉ Genev.	23		21
15	Quint.	4		Vend.	s. Rigob.	24		22
16	Sextidi	5		Sam.	s. Siméon	25		23
17	Septidi	6		*Dim.*	ÉPIPHAN.	26		24
18	Octidi	7		Lundi	s. Théau	27		25
19	Nonidi	8		Mardi	s. Lucien	28		26
20	*Decadi*	9		Merc.	s. Pierre	29		27
21	Prim.	10		Jeudi	s. Paul	30		28
22	Duodi	11		Vend.	s. Hygin	31		29
23	Tridi	12		Sam.	s. Arcade	1	Janvier 1793.	1
24	Quart.	13		1 *D.*	B. N. S.	2		2
25	Quint.	14		Lundi	s. Hilaire	3		3
26	Sextidi	15		Mardi	s. Maur	4		4
27	Septidi	16		Merc.	s. Guilla.	5		5
28	Octidi	17		Jeudi	s. Antoine	6		6
29	Nonidi	18		Vend.	Ch. s. P.	7		7
30	*Decadi*	19		Sam.	s. Sulpice	8		8

STYLE DÉCAD.	PLUVIÔSE.	STYLE GRÉGOR.	JANVIER-FÉVRIER.		STYLE JULIEN.	Age de la lune.
1	Prim.	20 Janvier 1793.	2 *D.*	s. Sébast.	9 Janvier 1793.	9
2	Duodi	21	Lundi	ste Agnès	10	10
3	Tridi	22	Mardi	s. Vinc.	11	11
4	Quart.	23	Merc.	s. Ildéf.	12	12
5	Quint.	24	Jeudi	s. Babyl.	13	13
6	Sextidi	25	Vend.	C. s. Paul	14	14
7	Septidi	26	Sam.	ste Paule	15	15
8	Octidi	27	*Dim.*	*Septuag.*	16	16
9	Nonidi	28	Lundi	s. Cyrille	17	17
10	*Decadi*	29	Mardi	s. F. de S.	18	18
11	Prim.	30	Merc.	s. Bathil.	19	19
12	Duodi	31	Jeudi	s. Pi. N.	20	20
13	Tridi	1 Février.	Vend.	s. Ignace	21	21
14	Quart.	2	Sam.	PURIFIC.	22	22
15	Quint.	3	*Dim.*	*Sexagés.*	23	23
16	Sextidi	4	Lundi	s. Philéas	24	24
17	Septidi	5	Mardi	ste Agathe	25	25
18	Octidi	6	Merc.	s. Vast	26	26
19	Nonidi	7	Jeudi	s. Romu.	27	27
20	*Decadi*	8	Vend.	s. J. de M.	28	28
21	Prim.	9	Sam.	ste Apoll.	29	29
22	Duodi	10	*Dim.*	*Quinq.*	30	30
23	Tridi	11	Lundi	s. Severin	31	1
24	Quart.	12	Mardi	s. Mélèce	1 Février.	2
25	Quint.	13	Merc.	*Cendres*	2	3
26	Sextidi	14	Jeudi	s. Lezin	3	4
27	Septidi	15	Vend.	Les 5 Pl.	4	5
28	Octidi	16	Sam.	s. Faustin	5	6
29	Nonidi	17	1 *D.*	*Quadr.*	6	7
30	*Decadi*	18	Lundi	s. Siméon	7	8

STYLE DÉCAD.	VENTÔSE.	STYLE GRÉGOR.	FÉVRIER-MARS.		STYLE JULIEN.	Age de la lune.
1	Prim.	19 Février 1793.	Mardi	s. Moyse	8 Février 1793.	9
2	Duodi	20	Merc.	*Quatre-T.*	9	10
3	Tridi	21	Jeudi	s. Flavien	10	11
4	Quart.	22	Vend.	s. Prétex.	11	12
5	Quint.	23	Sam.	s. Damien	12	13
6	Sextidi	24	2 *D.*	*Reminisc.*	13	14
7	Septidi	25	Lundi	s. Alexis	14	15
8	Octidi	26	Mardi	ste Hono.	15	16
9	Nonidi	27	Merc.	s. Porph.	16	17
10	*Decadi*	28	Jeudi	s. Rom.	17	18
11	Prim.	1 Mars.	Vend.	s. Aubin.	18	19
12	Duodi	2	Sam.	ste Cunég.	19	20
13	Tridi	3	3 *D.*	*Oculi*	20	21
14	Quart.	4	Lundi	s. Casim.	21	22
15	Quint.	5	Mardi	s. Draus.	22	23
16	Sextidi	6	Merc.	s. Godeg.	23	24
17	Septidi	7	Jeudi	s. J. de D.	24	25
18	Octidi	8	Vend.	ste Franç.	25	26
19	Nonidi	9	Sam.	s. Doctr.	26	27
20	*Decadi*	10	4 *D.*	*Lœtare*	27	28
21	Prim.	11	Lundi	40 Mart.	28	29
22	Duodi	12	Mardi	s. Pol, év.	1 Mars.	1
23	Tridi	13	Merc.	s. Lubin	2	2
24	Quart.	14	Jeudi	s. Tranq.	3	3
25	Quint.	15	Vend.	s. Abrah.	4	4
26	Sextidi	16	Sam.	ste Gertr.	5	5
27	Septidi	17	5 *D.*	*Passion*	6	6
28	Octidi	18	Lundi	s. Alex.	7	7
29	Nonidi	19	Mardi	s. Joseph	8	8
30	*Decadi*	20	Merc.	s. Joach.	9	9

STYLE DÉCAD.	GERMINAL.	STYLE GRÉGOR.	MARS-AVRIL.		STYLE JULIEN.	Age de la lune.
1	Prim.	21 Mars 1793.	Jeudi	s. Benoît	10 Mars 1793.	10
2	Duodi	22	Vend.	Compas.	11	11
3	Tridi	23	Sam.	s. Simon	12	12
4	Quart.	24	6 *D.*	*Rameaux*	13	13
5	Quint.	25	Lundi	ANNONC.	14	14
6	Sextidi	26	Mardi	s. Leudg.	15	15
7	Septidi	27	Merc.	s. Rupert	16	16
8	Octidi	28	Jeudi	s. Gontr.	17	17
9	Nonidi	29	Vend.	*Vend. S.*	18	18
10	*Decadi*	30	Sam.	s. Acace	19	19
11	Prim.	31	*Dim.*	PASQUE.	20	20
12	Duodi	1 Avril.	Lundi	s. F. de P.	21	21
13	Tridi	2	Mardi	s. Richard	22	22
14	Quart.	3	Merc.	s. Ambr.	23	23
15	Quint.	4	Jeudi	s. Vin. F.	24	24
16	Sextidi	5	Vend.	s. Prud.	25	25
17	Septidi	6	Sam.	s. Hégés.	26	26
18	Octidi	7	1 *D.*	*Quasim.*	27	27
19	Nonidi	8	Lundi	ste Mar. é.	28	28
20	*Decadi*	9	Mardi	s. Macai.	29	29
21	Prim.	10	Merc.	s. Léon	30	1
22	Duodi	11	Jeudi	s. Jules	31	2
23	Tridi	12	Vend.	s. Perpét.	1 Avril.	3
24	Quart.	13	Sam.	s. Tibur.	2	4
25	Quint.	14	2 *D.*	s. Herm.	3	5
26	Sextidi	15	Lundi	s. Patern.	4	6
27	Septidi	16	Mardi	s. Fruct.	5	7
28	Octidi	17	Merc.	s. Anicet	6	8
29	Nonidi	18	Jeudi	s. Parfait	7	9
30	*Decadi*	19	Vend.	s. Elpheg.	8	10

STYLE DÉCAD.	FLORÉAL.	STYLE GRÉGOR.	AVRIL-MAI.		STYLE. JULIEN.	Age de la lune.
1	Prim.	20 Avril 1793.	Sam.	s. Hildeg.	9 Avril 1793.	11
2	Duodi	21	3 *D.*	s. Anselm.	10	12
3	Tridi	22	Lundi	ste Oport.	11	13
4	Quart.	23	Mardi	s. George	12	14
5	Quint.	24	Merc.	ste Beuve	13	15
6	Sextidi	25	Jeudi	s. Marc	14	16
7	Septidi	26	Vend.	s. Clet	15	17
8	Octidi	27	Sam.	s. Polyc.	16	18
9	Nonidi	28	4 *D.*	s. Vital	17	19
10	*Decadi*	29	Lundi	s. Robert	18	20
11	Prim.	30	Mardi	s. Eutrop.	19	21
12	Duodi	1 Mai.	Merc.	s. J. s. Ph.	20	22
13	Tridi	2	Jeudi	s. Athan.	21	23
14	Quart.	3	Vend.	Inv. ste C.	22	24
15	Quint.	4	Sam.	ste Moniq.	23	25
16	Sextidi	5	5 *D.*	C. s. A.	24	26
17	Septidi	6	Lundi	*Rogations*	25	27
18	Octidi	7	Mardi	s. Stanisl.	26	28
19	Nonidi	8	Merc.	s. Désiré	27	29
20	*Decadi*	9	Jeudi	ASCENS.	28	30
21	Prim.	10	Vend.	s. Gord.	29	1
22	Duodi	11	Sam.	s. Mam.	30	2
23	Tridi	12	6 *D.*	s. Nérée	1 Mai.	3
24	Quart.	13	Lundi	ste Onési.	2	4
25	Quint.	14	Mardi	s. Servais	3	5
26	Sextidi	15	Merc.	s. Honoré	4	6
27	Septidi	16	Jeudi	s. Pascal	5	7
28	Octidi	17	Vend.	s. Éric	6	8
29	Nonidi	18	Sam.	*Vigil.-J.*	7	9
30	*Decadi*	19	*Dim.*	PENTEC.	8	10

STYLE DÉCAD.	PRAIRIAL.	STYLE GRÉGOR.	MAI-JUIN.		STYLE JULIEN.	Age de la lune.
1	Prim.	20 Mai 1793.	Lundi	s. Bernar.	9 Mai 1793.	11
2	Duodi	21	Mardi	s. Hospic.	10	12
3	Tridi	22	Merc.	*Quatre-T.*	11	13
4	Quart.	23	Jeudi	s. Didier	12	14
5	Quint.	24	Vend.	s. Donat.	13	15
6	Sextidi	25	Sam.	s. Augus.	14	16
7	Septidi	26	1 *D.*	*Trinité*	15	17
8	Octidi	27	Lundi	s. Jean, p.	16	18
9	Nonidi	28	Mardi	s. Germ.	17	19
10	*Decadi*	29	Merc.	s. Maxim.	18	20
11	Prim.	30	Jeudi	Fête-D.	19	21
12	Duodi	31	Vend.	ste Pétron.	20	22
13	Tridi	1 Juin.	Sam.	s. Pamp.	21	23
14	Quart.	2	2 *D.*	s. Pothin	22	24
15	Quint.	3	Lundi	ste Clotil.	23	25
16	Sextidi	4	Mardi	s. Optat	24	26
17	Septidi	5	Merc.	s. Norb.	25	27
18	Octidi	6	Jeudi	*Oct. F. D.*	26	28
19	Nonidi	7	Vend.	s. Médard	27	29
20	*Decadi*	8	Sam.	s. Basilid.	28	1
21	Prim.	9	3 *D.*	s. Landry	29	2
22	Duodi	10	Lundi	s. Barna.	30	3
23	Tridi	11	Mardi	s. Justin	31	4
24	Quart.	12	Merc.	s. Ant. P.	1 Juin.	5
25	Quint.	13	Jeudi	s. Ruffin	2	6
26	Sextidi	14	Vend.	s. Guy	3	7
27	Septidi	15	Sam.	s. Cyr	4	8
28	Octidi	16	4 *D.*	s. Avit	5	9
29	Nonidi	17	Lundi	s. Farge	6	10
30	*Decadi*	18	Mardi	ste Marine	7	11

STYLE DÉCAD.	MESSIDOR.	STYLE GRÉGOR.	JUIN-JUILLET.		STYLE JULIEN.	Age de la lune.
1	Prim.	19 Juin 1793.	Merc.	s. Gervais	8 Juin 1793.	12
2	Duodi	20	Jeudi	s. Sylvère	9	13
3	Tridi	21	Vend.	s. Leufroi	10	14
4	Quart.	22	Sam.	*Vigil.-J.*	11	15
5	Quint.	23	5 *D.*	s. Paulin	12	16
6	Sextidi	24	Lundi	N. s. J.-B.	13	17
7	Septidi	25	Mardi	s. Prosper	14	18
8	Octidi	26	Merc.	s. Babol.	15	19
9	Nonidi	27	Jeudi	s. Ladisl.	16	20
10	*Decadi*	28	Vend.	*Vigil.-J.*	17	21
11	Prim.	29	Sam.	s. Pi. s. P.	18	22
12	Duodi	30	6 *D.*	Com. s. P.	19	23
13	Tridi	1 Juillet.	Lundi	s. Martial	20	24
14	Quart.	2	Mardi	Vis. N. D.	21	25
15	Quint.	3	Merc.	s. Anato.	22	26
16	Sextidi	4	Jeudi	Tr. s. Ma.	23	27
17	Septidi	5	Vend.	s^te Zoé	24	28
18	Octidi	6	Sam.	s. Tranq.	25	29
19	Nonidi	7	7 *D.*	s^te Aubie.	26	30
20	*Decadi*	8	Lundi	s^te Élisab.	27	1
21	Prim.	9	Mardi	s. Cyrille	28	2
22	Duodi	10	Merc.	s^te Félicité	29	3
23	Tridi	11	Jeudi	Tr. s. B.	30	4
24	Quart.	12	Vend.	s. Gualb.	1 Juillet.	5
25	Quint.	13	Sam.	s. Turiaf	2	6
26	Sextidi	14	8 *D.*	s. Bonav.	3	7
27	Septidi	15	Lundi	s. Henri	4	8
28	Octidi	16	Mardi	s. Eustate	5	9
29	Nonidi	17	Merc.	s. Sperat	6	10
30	*Decadi*	18	Jeudi	s. Clair, é.	7	11

STYLE DÉCAD.	THERMIDOR.	STYLE GRÉGOR.	JUILLET-AOUT.		STYLE JULIEN.	Age de la lune.
1	Prim.	19 Juillet 1793.	Vend.	s. Vincent	8 Juillet 1793.	12
2	Duodi	20	Sam.	s^te Marg.	9	13
3	Tridi	21	9 *D.*	s. Victor	10	14
4	Quart.	22	Lundi	s^te Magd.	11	15
5	Quint.	23	Mardi	s. Apoll.	12	16
6	Sextidi	24	Merc.	s^te Christ.	13	17
7	Septidi	25	Jeudi	s. Jacq. m.	14	18
8	Octidi	26	Vend.	s. Christ.	15	19
9	Nonidi	27	Sam.	s. George	16	20
10	*Decadi*	28	10 *D.*	s^te Anne	17	21
11	Prim.	29	Lundi	s. Loup	18	22
12	Duodi	30	Mardi	s. Abdon	19	23
13	Tridi	31	Merc.	s. Germ.	20	24
14	Quart.	1 Août.	Jeudi	s. Pi. ès-l.	21	25
15	Quint.	2	Vend.	s. Étienne	22	26
16	Sextidi	3	Sam.	Inv. s. Ét.	23	27
17	Septidi	4	11 *D.*	Sus. s^te Cr.	24	28
18	Octidi	5	Lundi	s. Domin.	25	29
19	Nonidi	6	Mardi	Tr. N. S.	26	1
20	*Decadi*	7	Merc.	s. Gaëtan.	27	2
21	Prim.	8	Jeudi	s. Justin	28	3
22	Duodi	9	Vend.	s. Roma.	29	4
23	Tridi	10	Sam.	s. Laur.	30	5
24	Quart.	11	12 *D.*	S. s^te Cou.	31	6
25	Quint.	12	Lundi	s^te Claire	1 Août.	7
26	Sextidi	13	Mardi	s. Hippol.	2	8
27	Septidi	14	Merc.	*Vigil.-J.*	3	9
28	Octidi	15	Jeudi	ASSOMP.	4	10
29	Nonidi	16	Vend.	s. Roch	5	11
30	*Decadi*	17	Sam.	s. Mam.	6	12

STYLE DÉCAD.	FRUCTIDOR.	STYLE GRÉGOR.	AOUT-SEPTEMBRE.		STYLE JULIEN.	Age de la lune.
1	Prim.	18 Août 1793.	13 *D.*	ste Hélène	7 Août 1793.	13
2	Duodi	19	Lundi	s. Louis, é.	8	14
3	Tridi	20	Mardi	s. Bernard	9	15
4	Quart.	21	Merc.	s. Privat	10	16
5	Quint.	22	Jeudi	s. Symph.	11	17
6	Sextidi	23	Vend.	s. Sidoine	12	18
7	Septidi	24	Sam.	s. Barthél.	13	19
8	Octidi	25	14 *D.*	s. Louis	14	20
9	Nonidi	26	Lundi	s. Zéphir.	15	21
10	*Decadi*	27	Mardi	s. Césaire	16	22
11	Prim.	28	Merc.	s. August.	17	23
12	Duodi	29	Jeudi	D. s. J.-B.	18	24
13	Tridi	30	Vend.	s Fiacre	19	25
14	Quart.	31	Sam.	s. Médéric	20	26
15	Quint.	1 Septembre.	15 *D.*	s. L. s. G.	21	27
16	Sextidi	2	Lundi	s. Lazare	22	28
17	Septidi	3	Mardi	s. Grégoi.	23	29
18	Octidi	4	Merc.	ste Rosalie	24	30
19	Nonidi	5	Jeudi	s. Bertin	25	1
20	*Decadi*	6	Vend.	s. Onésip.	26	2
21	Prim.	7	Sam.	s. Cloud	27	3
22	Duodi	8	16 *D.*	Nat. N. D.	28	4
23	Tridi	9	Lundi	s. Omer	29	5
24	Quart.	10	Mardi	s. Nic. T.	30	6
25	Quint.	11	Merc.	s. Patient	31	7
26	Sextidi	12	Jeudi	s. Serdot	1 Septembre.	8
27	Septidi	13	Vend.	s. Mauril.	2	9
28	Octidi	14	Sam.	Ex. ste Cr.	3	10
29	Nonidi	15	17 *D.*	s. Nicom.	4	11
30	*Decadi*	16	Lundi	s. Cypr.	5	12

STYLE DÉCAD.	JOURS COMPL.	STYLE GRÉGOR.	SEPTEMBRE.		STYLE JULIEN.	Age de la lune.
1		17 Septemb. 1793.	Mardi	s. Lamb.	6 Septemb. 1793.	13
2		18	Merc.	*Quatre-T.*	7	14
3		19	Jeudi	s. Janvier	8	15
4		20	Vend.	s. Eustac.	9	16
5		21	Sam.	s. Math.	10	17

AN II.

ARTICLES PRINCIPAUX DU CALENDRIER.

ANNÉE de la Période julienne........ 6507

Depuis la première Olympiade d'Iphitus jusqu'en juillet.... 2568

De la fondation de Rome, selon Varron (Mars)........... 2547

De l'époque de Nabonassar, depuis février................ 2541

De l'Hégire ou époque des Turcs (Julienne)............... 1172

L'année 1209 des Turcs commencera le 11 thermidor an 2 (29 juillet 1794).

Comput ecclésiastique pour 1794.

Nombre d'or........................ 9
Épacte............................. XXVIII
Cycle solaire...................... 11
Indiction romaine.................. 12
Lettre dominicale.................. E

STYLE DÉCAD.	VENDÉMIAIRE.	STYLE GRÉGOR.	SEPTEMB.-OCTOB.		STYLE JULIEN.	Age de la lune.
1	Prim.	22 Septembre 1793.	18 *D.*	s. Maurice	11 Septembre 1793.	18
2	Duodi	23	Lundi	ste Thècle	12	19
3	Tridi	24	Mardi	s. And.	13	20
4	Quart.	25	Merc.	s. Firmin	14	21
5	Quint.	26	Jeudi	ste Justine	15	22
6	Sextidi	27	Vend.	s. C. s. D.	16	23
7	Septidi	28	Sam.	s. Céran	17	24
8	Octidi	29	19 *D.*	s. Michel	18	25
9	Nonidi	30	Lundi	s. Jérôme	19	26
10	*Decadi*	1 Octobre.	Mardi	s. Remi	20	27
11	Prim.	2	Merc.	ss. Anges	21	28
12	Duodi	3	Jeudi	s. Den. A.	22	29
13	Tridi	4	Vend.	s. Franç.	23	30
14	Quart.	5	Sam.	ste Aure	24	1
15	Quint.	6	20 *D.*	s. Bruno	25	2
16	Sextidi	7	Lundi	s. Serge	26	3
17	Septidi	8	Mardi	s. Dem.	27	4
18	Octidi	9	Merc.	s. DENIS	28	5
19	Nonidi	10	Jeudi	s. Géréon	29	6
20	*Decadi*	11	Vend.	s. Nicaise	30	7
21	Prim.	12	Sam.	s. Wilfr.	1 Octobre.	8
22	Duodi	13	21 *D.*	s. Géraud	2	9
23	Tridi	14	Lundi	s. Caliste	3	10
24	Quart.	15	Mardi	ste Thérès.	4	11
25	Quint.	16	Merc.	s. Gal, ab.	5	12
26	Sextidi	17	Jeudi	s. Cerb.	6	13
27	Septidi	18	Vend.	s. Luc, é.	7	14
28	Octidi	19	Sam.	s. Savini.	8	15
29	Nonidi	20	22 *D.*	s. Sendou	9	16
30	*Decadi*	21	Lundi	ste Ursule	10	17

STYLE DÉCAD.	BRUMAIRE.	STYLE GRÉGOR. Octobre 1793. / Novembre.	OCTOBRE-NOVEMB.		STYLE JULIEN. Octobre 1793. / Novembre.	Âge de la lune.
1	Prim.	22	Mardi	s. Mellon	11	18
2	Duodi	23	Merc.	s. Hilar.	12	19
3	Tridi	24	Jeudi	s. Maglo.	13	20
4	Quart.	25	Vend.	s. C. s. C.	14	21
5	Quint.	26	Sam.	s. Rustiq.	15	22
6	Sextidi	27	23 *D.*	s. Frum.	16	23
7	Septidi	28	Lundi	s. S. s. J.	17	24
8	Octidi	29	Mardi	s. Faron	18	25
9	Nonidi	30	Merc.	s. Lucain	19	26
10	*Decadi*	31	Jeudi	*Vigil.-J.*	20	27
11	Prim.	1	Vend.	TOUSS.	21	28
12	Duodi	2	Sam.	MORTS.	22	29
13	Tridi	3	24 *D.*	s. Marcel	23	30
14	Quart.	4	Lundi	s. Charles	24	1
15	Quint.	5	Mardi	s. Bertile	25	2
16	Sextidi	6	Merc.	s. Léonard	26	3
17	Septidi	7	Jeudi	s. Wille.	27	4
18	Octidi	8	Vend.	stes Reliq.	28	5
19	Nonidi	9	Sam.	s. Mathu.	29	6
20	*Decadi*	10	25 *D.*	s. Léon	30	7
21	Prim.	11	Lundi	s. Martin	31	8
22	Duodi	12	Mardi	s. René	1	9
23	Tridi	13	Merc.	s. Gend.	2	10
24	Quart.	14	Jeudi	s. Mart. p.	3	11
25	Quint.	15	Vend.	s. Eugène	4	12
26	Sextidi	16	Sam.	s. Eucher	5	13
27	Septidi	17	26 *D.*	s. Agnan	6	14
28	Octidi	18	Lundi	ste Aude	7	15
29	Nonidi	19	Mardi	ste Élisab.	8	16
30	*Decadi*	20	Merc.	s. Edmo.	9	17

STYLE DÉCAD.	FRIMAIRE.	STYLE GRÉGOR.	NOVEMBRE-DÉC.		STYLE JULIEN.	Age de la lune.
1	Prim.	21 Novembre 1793.	Jeudi	Pr. N. D.	10 Novembre 1793.	18
2	Duodi	22	Vend.	ste Cécile	11	19
3	Tridi	23	Sam.	s. Clément	12	20
4	Quart.	24	27 *D.*	s. Severin	13	21
5	Quint.	25	Lundi	ste Cather.	14	22
6	Sextidi	26	Mardi	ste Genev.	15	23
7	Septidi	27	Merc.	s. Vital	16	24
8	Octidi	28	Jeudi	s. Sosthè.	17	25
9	Nonidi	29	Vend.	s. Saturn.	18	26
10	*Decadi*	30	Sam.	s. André	19	27
11	Prim.	1 Décembre.	1 *D.*	*Avent.*	20	28
12	Duodi	2	Lundi	s. Mirocl.	21	29
13	Tridi	3	Mardi	s. Fr. Xav.	22	1
14	Quart.	4	Merc.	ste Barbe	23	2
15	Quint.	5	Jeudi	s. Sabas	24	3
16	Sextidi	6	Vend.	s. Nicolas	25	4
17	Septidi	7	Sam.	ste Fare	26	5
18	Octidi	8	2 *D.*	CONCEP.	27	6
19	Nonidi	9	Lundi	ste Gorgo.	28	7
20	*Decadi*	10	Mardi	ste Valère	29	8
21	Prim.	11	Merc.	s. Fuscien	30	9
22	Duodi	12	Jeudi	s. Damas.	1 Décembre.	10
23	Tridi	13	Vend.	ste Luce	2	11
24	Quart.	14	Sam.	s. Gomb.	3	12
25	Quint.	15	3 *D.*	s. Nicaise	4	13
26	Sextidi	16	Lundi	s. Memin	5	14
27	Septidi	17	Mardi	ste Adél.	6	15
28	Octidi	18	Merc.	*Quatre-T.*	7	16
29	Nonidi	19	Jeudi	s. Gatien	8	17
30	*Decadi*	20	Vend.	ste Meuris	9	18

STYLE DÉCAD.	NIVÔSE.	STYLE GRÉGOR.		DÉCEMBRE-JANV.		STYLE JULIEN.		Age de la lune.
1	Prim.	21	Décembre 1793.	Sam.	s. Thom.	10	Décembre 1793.	19
2	Duodi	22		4 *D.*	s. Ischyr.	11		20
3	Tridi	23		Lundi	s. Yves	12		21
4	Quart.	24		Mardi	*Vigiles-J.*	13		22
5	Quint.	25		Merc.	NOEL	14		23
6	Sextidi	26		Jeudi	s. Étienne	15		24
7	Septidi	27		Vend.	s. Jean, é.	16		25
8	Octidi	28		Sam.	ss. Innoc.	17		26
9	Nonidi	29		*Dim.*	s. Th. C.	18		27
10	*Decadi*	30		Lundi	ste Colom.	19		28
11	Prim.	31		Mardi	s. Sylvest.	20		29
12	Duodi	1	Janvier 1794.	Merc.	CIRCONC.	21		30
13	Tridi	2		Jeudi	s. Basile	22		1
14	Quart.	3		Vend.	ste Genev.	23		2
15	Quint.	4		Sam.	s. Rigob.	24		3
16	Sextidi	5		*Dim.*	s. Siméon	25		4
17	Septidi	6		Lundi	ÉPIPHAN.	26		5
18	Octidi	7		Mardi	s. Théau	27		6
19	Nonidi	8		Merc.	s. Lucien	28		7
20	*Decadi*	9		Jeudi	s. Pierre	29		8
21	Prim.	10		Vend.	s. Paul	30		9
22	Duodi	11		Sam.	s. Hygin	31		10
23	Tridi	12		1 *D.*	s. Arcade	1	Janvier 1794.	11
24	Quart.	13		Lundi	B. N. S.	2		12
25	Quint.	14		Mardi	s. Hilaire	3		13
26	Sextidi	15		Merc.	s. Maur	4		14
27	Septidi	16		Jeudi	s. Guillau.	5		15
28	Octidi	17		Vend.	s. Antoine	6		16
29	Nonidi	18		Sam.	Ch. s. Pi.	7		17
30	*Decadi*	19		2 *D.*	s. Sulpice	8		18

STYLE DÉCAD.	PLUVIÔSE.	STYLE GRÉGOR.	JANVIER-FÉVRIER.		STYLE JULIEN.	Age de la lune.
1	Prim.	20 Janvier 1794	Lundi	s. Sébast.	9 Janvier 1794	19
2	Duodi	21	Mardi	ste Agnès	10	20
3	Tridi	22	Merc.	s. Vincent	11	21
4	Quart.	23	Jeudi	s. Ildéf.	12	22
5	Quint.	24	Vend.	s. Babyl.	13	23
6	Sextidi	25	Sam.	C. s. Paul	14	24
7	Septidi	26	3 *D.*	ste Paule	15	25
8	Octidi	27	Lundi	s. Julien	16	26
9	Nonidi	28	Mardi	s. Cyrille	17	27
10	*Decadi*	29	Merc.	s. F. de S.	18	28
11	Prim.	30	Jeudi	s. Bathil.	19	29
12	Duodi	31	Vend.	s. Pi. N.	20	1
13	Tridi	1 Février.	Sam.	s. Ignace	21	2
14	Quart.	2	4 *D.*	PURIFIC.	22	3
15	Quint.	3	Lundi	s. Blaise	23	4
16	Sextidi	4	Mardi	s. Philéas	24	5
17	Septidi	5	Merc.	ste Agathe	25	6
18	Octidi	6	Jeudi	s. Vast	26	7
19	Nonidi	7	Vend.	s. Romu.	27	8
20	*Decadi*	8	Sam.	s. J. de M.	28	9
21	Prim.	9	5 *D.*	ste Apoll.	29	10
22	Duodi	10	Lundi	ste Scolas.	30	11
23	Tridi	11	Mardi	s. Severin	31	12
24	Quart.	12	Merc.	s. Mélèce	1 Février.	13
25	Quint.	13	Jeudi	ste Eulalie	2	14
26	Sextidi	14	Vend.	s. Lezin	3	15
27	Septidi	15	Sam.	s. Valen.	4	16
28	Octidi	16	*Dim.*	*Septuag.*	5	17
29	Nonidi	17	Lundi	s. Faustin	6	18
30	*Decadi*	18	Mardi	s. Siméon	7	19

STYLE DÉCAD.	VENTÔSE.	STYLE GRÉGOR.	FÉVRIER-MARS.		STYLE. JULIEN.	Age de la lune.
1	Prim.	19 Février 1794.	Merc.	s. Moyse	8 Février 1794.	20
2	Duodi	20	Jeudi	s. Didier	9	21
3	Tridi	21	Vend.	s. Flavien	10	22
4	Quart.	22	Sam.	s. Prétex.	11	23
5	Quint.	23	*Dim.*	*Sexagés.*	12	24
6	Sextidi	24	Lundi	s. Math.	13	25
7	Septidi	25	Mardi	s. Alexis	14	26
8	Octidi	26	Merc.	ste Hono.	15	27
9	Nonidi	27	Jeudi	s. Porph.	16	28
10	*Decadi*	28	Vend.	s. Rom.	17	29
11	Prim.	1 Mars.	Sam.	s. Aubin	18	30
12	Duodi	2	*Dim.*	*Quinq.*	19	1
13	Tridi	3	Lundi	s. Casim.	20	2
14	Quart.	4	Mardi	s. Draus.	21	3
15	Quint.	5	Merc.	*Cendres*	22	4
16	Sextidi	6	Jeudi	s. Godeg.	23	5
17	Septidi	7	Vend.	Les 5 Pl.	24	6
18	Octidi	8	Sam.	ste Franç.	25	7
19	Nonidi	9	1 *D.*	*Quadrag.*	26	8
20	*Decadi*	10	Lundi	s. Doct.	27	9
21	Prim.	11	Mardi	40 Mart.	28	10
22	Duodi	12	Merc.	*Quatre-T.*	1 Mars.	11
23	Tridi	13	Jeudi	s. Lubin	2	12
24	Quart.	14	Vend.	s. Tranq.	3	13
25	Quint.	15	Sam.	s. Abrah.	4	14
26	Sextidi	16	2 *D.*	*Reminisc.*	5	15
27	Septidi	17	Lundi	ste Gertr.	6	16
28	Octidi	18	Mardi	s. Alex.	7	17
29	Nonidi	19	Merc.	s. Joseph	8	18
30	*Decadi*	20	Jeudi	s. Joach.	9	19

STYLE DÉCAD.	GERMINAL.	STYLE GRÉGOR.	MARS-AVRIL.		STYLE JULIEN.	Age de la lune.
1	Prim.	21 Mars 1794.	Vend.	s. Benoît	10 Mars 1794.	20
2	Duodi	22	Sam.	s. Epaph.	11	21
3	Tridi	23	3 *D.*	*Oculi*	12	22
4	Quart.	24	Lundi	s. Simon	13	23
5	Quint.	25	Mardi	ANNONC.	14	24
6	Sextidi	26	Merc.	s. Leugd.	15	25
7	Septidi	27	Jeudi	s. Rupert	16	26
8	Octidi	28	Vend.	s. Gontr.	17	27
9	Nonidi	29	Sam.	s. Eustase	18	28
10	*Decadi*	30	4 *D.*	*Lœtare*	19	29
11	Prim.	31	Lundi	s. Rieul, é.	20	1
12	Duodi	1 Avril.	Mardi	s. Acace	21	2
13	Tridi	2	Merc.	s. Hugues	22	3
14	Quart.	3	Jeudi	s. F. de P.	23	4
15	Quint.	4	Vend.	s. Richar.	24	5
16	Sextidi	5	Sam.	s. Vin. F.	25	6
17	Septidi	6	5 *D.*	*Passion*	26	7
18	Octidi	7	Lundi	s. Hégés.	27	8
19	Nonidi	8	Mardi	ste Mar. é.	28	9
20	*Decadi*	9	Merc.	s. Macai.	29	10
21	Prim.	10	Jeudi	s. Léon	30	11
22	Duodi	11	Vend.	Compass.	31	12
23	Tridi	12	Sam.	s. Perpét.	1 Avril.	13
24	Quart.	13	6 *D.*	*Rameaux*	2	14
25	Quint.	14	Lundi	s. Herm.	3	15
26	Sextidi	15	Mardi	s. Patern.	4	16
27	Septidi	16	Merc.	s. Fruct.	5	17
28	Octidi	17	Jeudi	s. Anicet	6	18
29	Nonidi	18	Vend.	*Vend. S.*	7	19
30	*Decadi*	19	Sam.	s. Elpheg.	8	20

STYLE DÉCAD.	FLORÉAL.	STYLE GRÉGOR.	AVRIL-MAI.		STYLE JULIEN.	Age de la lune.
1	Prim.	20 Avril 1794.	*Dim.*	PASQUE	9 Avril 1794.	21
2	Duodi	21	Lundi	s. Ansel.	10	22
3	Tridi	22	Mardi	ste Oport.	11	23
4	Quart.	23	Merc.	s. George	12	24
5	Quint.	24	Jeudi	ste Beuve	13	25
6	Sextidi	25	Vend.	s. Marc	14	26
7	Septidi	26	Sam.	s. Clet	15	27
8	Octidi	27	1 *D.*	*Quasim.*	16	28
9	Nonidi	28	Lundi	s. Vital	17	29
10	*Decadi*	29	Mardi	s. Robert	18	1
11	Prim.	30	Merc.	s. Eutrop.	19	2
12	Duodi	1 Mai.	Jeudi	s. J. S. Ph.	20	3
13	Tridi	2	Vend.	s. Athan.	21	4
14	Quart.	3	Sam.	Inv. ste C.	22	5
15	Quint.	4	2 *D.*	ste Moniq.	23	6
16	Sextidi	5	Lundi	C. S. A.	24	7
17	Septidi	6	Mardi	s. J. P. L.	25	8
18	Octidi	7	Merc.	s. Stanisl.	26	9
19	Nonidi	8	Jeudi	s. Désiré	27	10
20	*Decadi*	9	Vend.	s. G. de N.	28	11
21	Prim.	10	Sam.	s. Gord.	29	12
22	Duodi	11	3 *D.*	s. Mam.	30	13
23	Tridi	12	Lundi	s. Nérée	1 Mai.	14
24	Quart.	13	Mardi	ste Onési.	2	15
25	Quint.	14	Merc.	s. Servais	3	16
26	Sextidi	15	Jeudi	s. Isidore	4	17
27	Septidi	16	Vend.	s. Honoré	5	18
28	Octidi	17	Sam.	s. Pascal	6	19
29	Nonidi	18	4 *D.*	s. Éric	7	20
30	*Decadi*	19	Lundi	ste Célest.	8	21

STYLE DÉCAD.	PRAIRIAL.	STYLE GRÉGOR.	MAI-JUIN.		STYLE JULIEN.	Age de la lune.
1	Prim.	20 Mai 1794.	Mardi	s. Bernar.	9 Mai 1794.	22
2	Duodi	21	Merc.	s. Hospic.	10	23
3	Tridi	22	Jeudi	ste Julie	11	24
4	Quart.	23	Vend.	s. Didier	12	25
5	Quint.	24	Sam.	s. Donat.	13	26
6	Sextidi	25	5 *D.*	s. August.	14	27
7	Septidi	26	Lundi	*Rogations*	15	28
8	Octidi	27	Mardi	s. Jean, p.	16	29
9	Nonidi	28	Merc.	s. Germ.	17	30
10	*Decadi*	29	Jeudi	ASCENS.	18	1
11	Prim.	30	Vend.	s. Félix	19	2
12	Duodi	31	Sam.	ste Pétro.	20	3
13	Tridi	1 Juin.	6 *D.*	s. Pamp.	21	4
14	Quart.	2	Lundi	s. Pothin	22	5
15	Quint.	3	Mardi	ste Clotild.	23	6
16	Sextidi	4	Merc.	s. Optat	24	7
17	Septidi	5	Jeudi	s. Norb.	25	8
18	Octidi	6	Vend.	s. Bonifa.	26	9
19	Nonidi	7	Sam.	*Vigiles-J.*	27	10
20	*Decadi*	8	*Dim.*	PENTEC.	28	11
21	Prim.	9	Lundi	s. Basilid.	29	12
22	Duodi	10	Mardi	s. Landry	30	13
23	Tridi	11	Merc.	*Quatre-T.*	31	14
24	Quart.	12	Jeudi	s. Justin	1 Juin.	15
25	Quint.	13	Vend.	s. Ant. P.	2	16
26	Sextidi	14	Sam.	s. Ruffin	3	17
27	Septidi	15	1 *D.*	*Trinité*	4	18
28	Octidi	16	Lundi	s. Cyr	5	19
29	Nonidi	17	Mardi	s. Avit	6	20
30	*Decadi*	18	Merc.	s. Farge	7	21

STYLE DÉCAD.	MESSIDOR.	STYLE GRÉGOR.	JUIN-JUILLET.		STYLE JULIEN.	Age de la lune.
1	Prim.	19 Juin 1794.	Jeudi	FÊTE-D.	8 Juin 1794.	22
2	Duodi	20	Vend.	s. Sylvère	9	23
3	Tridi	21	Sam.	s. Leufroi	10	24
4	Quart.	22	2 *D.*	s. Paulin	11	25
5	Quint.	23	Lundi	*Vigiles-J.*	12	26
6	Sextidi	24	Mardi	N. s. J.-B.	13	27
7	Septidi	25	Merc.	s. Prosp.	14	28
8	Octidi	26	Jeudi	*Oct. F. D.*	15	29
9	Nonidi	27	Vend.	s. Ladisl.	16	1
10	*Decadi*	28	Sam.	*Vigiles-J.*	17	2
11	Prim.	29	3 *D.*	s. Pi. s. P.	18	3
12	Duodi	30	Lundi	Com. s. P.	19	4
13	Tridi	1 Juillet.	Mardi	s. Martial	20	5
14	Quart.	2	Merc.	Vis. N. D.	21	6
15	Quint.	3	Jeudi	s. Anato.	22	7
16	Sextidi	4	Vend.	Tr. s. Ma.	23	8
17	Septidi	5	Sam.	ste Zoé	24	9
18	Octidi	6	4 *D.*	s. Tranq.	25	10
19	Nonidi	7	Lundi	ste Aubie.	26	11
20	*Decadi*	8	Mardi	ste Élisab.	27	12
21	Prim.	9	Merc.	s. Cyrille	28	13
22	Duodi	10	Jeudi	ste Félicité	29	14
23	Tridi	11	Vend.	Tr. s. B.	30	15
24	Quart.	12	Sam.	s. Gualb.	1 Juillet.	16
25	Quint.	13	5 *D.*	s. Turiaf	2	17
26	Sextidi	14	Lundi	s. Bonav.	3	18
27	Septidi	15	Mardi	s. Henri	4	19
28	Octidi	16	Merc.	s. Eustate	5	20
29	Nonidi	17	Jeudi	s. Spérat	6	21
30	*Decadi*	18	Vend.	s. Clair, é.	7	22

STYLE DÉCAD.	THERMIDOR.	STYLE GRÉGOR.	JUILLET-AOUT.		STYLE JULIEN.	Age de la lune.
1	Prim.	19 Juillet 1794.	Sam.	s. Vincent	8 Juillet 1794.	23
2	Duodi	20	6 *D.*	ste Marg.	9	24
3	Tridi	21	Lundi	s. Victor	10	25
4	Quart.	22	Mardi	ste Magd.	11	26
5	Quint.	23	Merc.	s. Apoll.	12	27
6	Sextidi	24	Jeudi	ste Christ.	13	28
7	Septidi	25	Vend.	s. Jacq. m.	14	29
8	Octidi	26	Sam.	s. Christ.	15	30
9	Nonidi	27	7 *D.*	s. George	16	1
10	*Decadi*	28	Lundi	ste Anne	17	2
11	Prim.	29	Mardi	s. Loup	18	3
12	Duodi	30	Merc.	s. Abdon	19	4
13	Tridi	31	Jeudi	s. Germ.	20	5
14	Quart.	1 Août.	Vend.	s. Pi. ès-l.	21	6
15	Quint.	2	Sam.	s. Étienne	22	7
16	Sextidi	3	8 *D.*	Inv. s. Ét.	23	8
17	Septidi	4	Lundi	Sus. ste Cr	24	9
18	Octidi	5	Mardi	s. Domin.	25	10
19	Nonidi	6	Merc.	Tr. N. S.	26	11
20	*Decadi*	7	Jeudi	s. Gaëtan	27	12
21	Prim.	8	Vend.	s. Justin	28	13
22	Duodi	9	Sam.	s. Romain	29	14
23	Tridi	10	9 *D.*	s. Laur.	30	15
24	Quart.	11	Lundi	S. ste Cou.	31	16
25	Quint.	12	Mardi	ste Claire	1 Août.	17
26	Sextidi	13	Merc.	s. Hippol.	2	18
27	Septidi	14	Jeudi	*Vigiles-J.*	3	19
28	Octidi	15	Vend.	ASSOMP.	4	20
29	Nonidi	16	Sam.	s. Roch	5	21
30	*Decadi*	17	10 *D.*	s. Mam.	6	22

STYLE DÉCAD.	FRUCTIDOR.	STYLE GRÉGOR.	AOUT-SEPTEMBRE.		STYLE JULIEN.	Age de la lune.
1	Prim.	18 Août 1794.	Lundi	ste Hélène	7 Août 1794.	23
2	Duodi	19	Mardi	s. Louis, é.	8	24
3	Tridi	20	Merc.	s. Bernard	9	25
4	Quart.	21	Jeudi	s. Privat	10	26
5	Quint.	22	Vend.	s. Symph.	11	27
6	Sextidi	23	Sam.	s. Sidoine	12	28
7	Septidi	24	11 *D.*	s. Barthél.	13	29
8	Octidi	25	Lundi	s. Louis	14	30
9	Nonidi	26	Mardi	s. Zéphir.	15	1
10	*Decadi*	27	Merc.	s. Césaire	16	2
11	Prim.	28	Jeudi	s. August.	17	3
12	Duodi	29	Vend.	D. s. J.-B.	18	4
13	Tridi	30	Sam.	s. Fiacre	19	5
14	Quart.	31	12 *D.*	s. Médéric	20	6
15	Quint.	1 Septembre.	Lundi	s. L. s. G.	21	7
16	Sextidi	2	Mardi	s. Lazare	22	8
17	Septidi	3	Merc.	s. Grégoi.	23	9
18	Octidi	4	Jeudi	ste Rosalie	24	10
19	Nonidi	5	Vend.	s. Bertin	25	11
20	*Decadi*	6	Sam.	s. Onésip.	26	12
21	Prim.	7	13 *D.*	s. Cloud	27	13
22	Duodi	8	Lundi	NAT. N. D.	28	14
23	Tridi	9	Mardi	s. Omer	29	15
24	Quart.	10	Merc.	s. Nic. T.	30	16
25	Quint.	11	Jeudi	s. Patient	31	17
26	Sextidi	12	Vend.	s. Serdot	1 Septembre.	18
27	Septidi	13	Sam.	s. Mauril.	2	19
28	Octidi	14	14 *D.*	Ex. ste Cr.	3	20
29	Nonidi	15	Lundi	s. Nicom.	4	21
30	*Decadi*	16	Mardi	s. Cypr.	5	22

STYLE DÉCAD.	JOURS COMPL.	STYLE GRÉGOR.	SEPTEMBRE.		STYLE JULIEN.	Age de la lune.
1		17 Septemb. 1794.	Merc.	s. Janvier	6 Septemb. 1794.	23
2		18	Jeudi	s. Lamb.	7	24
3		19	Vend.	*Quatre-T.*	8	25
4		20	Sam.	s. Eustac.	9	26
5		21	15 *D.*	s. Math.	10	27

AN III.

ARTICLES PRINCIPAUX DU CALENDRIER.

Année de la Période julienne........ 6508

Depuis la première Olympiade d'Iphitus jusqu'en juillet.... 2569

De la fondation de Rome, selon Varron (Mars)........... 2548

De l'époque de Nabonassar, depuis février................ 2542

De l'Hégire ou époque des Turcs (Julienne)................ 1173

L'année 1210 des Turcs commencera le 30 messidor an 3 (18 juillet 1795).

Comput ecclésiastique pour 1795.

Nombre d'or........................ 10
Épacte............................. IX
Cycle solaire...................... 12
Indiction romaine.................. 13
Lettre dominicale.................. D

STYLE DÉCAD.	VENDÉMIAIRE.	STYLE GRÉGOR.	SEPTEMB.—OCTOB.		STYLE JULIEN.	Age de la lune.
1	Prim.	22 Septembre. 1794.	Lundi	s. Maurice	11 Septembre 1794.	28
2	Duodi	23	Mardi	ste Thècle	12	29
3	Tridi	24	Merc.	s. And.	13	1
4	Quart.	25	Jeudi	s. Firmin	14	2
5	Quint.	26	Vend.	ste Justine	15	3
6	Sextidi	27	Sam.	s. C. s. D.	16	4
7	Septidi	28	16 *D.*	s. Céran	17	5
8	Octidi	29	Lundi	s. Michel	18	6
9	Nonidi	30	Mardi	s. Jérôme	19	7
10	*Decadi*	1 Octobre.	Merc.	s. Remi	20	8
11	Prim.	2	Jeudi	ss. Anges	21	9
12	Duodi	3	Vend.	s. Den. A.	22	10
13	Tridi	4	Sam.	s. Franç.	23	11
14	Quart.	5	17 *D.*	ste Aure	24	12
15	Quint.	6	Lundi	s. Bruno	25	13
16	Sextidi	7	Mardi	s. Serge	26	14
17	Septidi	8	Merc.	s. Dem.	27	15
18	Octidi	9	Jeudi	s. Denis	28	16
19	Nonidi	10	Vend.	s. Géréon	29	17
20	*Decadi*	11	Sam.	s. Nicaise	30	18
21	Prim.	12	18 *D.*	s. Wilfr.	1 Octobre.	19
22	Duodi	13	Lundi	s. Géraud	2	20
23	Tridi	14	Mardi	s. Caliste	3	21
24	Quart.	15	Merc.	ste Thérès.	4	22
25	Quint.	16	Jeudi	s. Gal, ab.	5	23
26	Sextidi	17	Vend.	s. Cerb.	6	24
27	Septidi	18	Sam.	s. Luc, é.	7	25
28	Octidi	19	19 *D.*	s. Savini.	8	26
29	Nonidi	20	Lundi	s. Sendou	9	27
30	*Decadi*	21	Mardi	ste Ursule	10	28

STYLE DÉCAD.	BRUMAIRE.	STYLE GRÉGOR.	OCTOBRE-NOVEMB.		STYLE JULIEN.	Age de la lune.
1	Prim.	22 Octobre 1794.	Merc.	s. Mellon	11 Octobre 1794.	29
2	Duodi	23	Jeudi	s. Hilar.	12	30
3	Tridi	24	Vend.	s. Maglo.	13	1
4	Quart.	25	Sam.	s. C. s. C.	14	2
5	Quint.	26	20 *D.*	s. Rustiq.	15	3
6	Sextidi	27	Lundi	s. Frum.	16	4
7	Septidi	28	Mardi	s. S. s. J.	17	5
8	Octidi	29	Merc.	s. Faron	18	6
9	Nonidi	30	Jeudi	s. Lucain	19	7
10	*Decadi*	31	Vend.	*Vigil.-J.*	20	8
11	Prim.	1 Novembre.	Sam.	TOUSS.	21	9
12	Duodi	2	21 *D.*	s. Marcel	22	10
13	Tridi	3	Lundi	MORTS.	23	11
14	Quart.	4	Mardi	s. Charles	24	12
15	Quint.	5	Merc.	ste. Bertile	25	13
16	Sextidi	6	Jeudi	s. Léonard	26	14
17	Septidi	7	Vend.	s. Willeb.	27	15
18	Octidi	8	Sam.	stes Reliq.	28	16
19	Nonidi	9	22 *D.*	s. Mathu.	29	17
20	*Decadi*	10	Lundi	s. Léon	30	18
21	Prim.	11	Mardi	s. Martin	31	19
22	Duodi	12	Merc.	s. René	1 Novembre.	20
23	Tridi	13	Jeudi	s. Gend.	2	21
24	Quart.	14	Vend.	s. Mart. p.	3	22
25	Quint.	15	Sam.	s. Eugène	4	23
26	Sextidi	16	23 *D.*	s. Eucher	5	24
27	Septidi	17	Lundi	s. Agnan	6	25
28	Octidi	18	Mardi	ste Aude	7	26
29	Nonidi	19	Merc.	ste Élisab.	8	27
30	*Decadi*	20	Jeudi	s. Edmo.	9	28

STYLE DÉCAD.	FRIMAIRE.	STYLE GRÉGOR.	NOVEMBRE-DÉC.		STYLE JULIEN.	Age de la lune.
1	Prim.	21 Novembre 1794.	Vend.	Pr. N. D.	10 Novembre 1794.	29
2	Duodi	22	Sam.	ste Cécile	11	1
3	Tridi	23	24 *D.*	s. Clément	12	2
4	Quart.	24	Lundi	s. Severin	13	3
5	Quint.	25	Mardi	ste Cather.	14	4
6	Sextidi	26	Merc.	ste Genev.	15	5
7	Septidi	27	Jeudi	s. Vital	16	6
8	Octidi	28	Vend.	s. Sosthè.	17	7
9	Nonidi	29	Sam.	s. Saturn.	18	8
10	*Decadi*	30	1 *D.*	*Avent*	19	9
11	Prim.	1 Décembre.	Lundi	s. Éloi	20	10
12	Duodi	2	Mardi	s. Mirocl.	21	11
13	Tridi	3	Merc.	s. Fr. Xav.	22	12
14	Quart.	4	Jeudi	ste Barbe	23	13
15	Quint.	5	Vend.	s. Sabas	24	14
16	Sextidi	6	Sam.	s. Nicolas	25	15
17	Septidi	7	2 *D.*	ste Fare	26	16
18	Octidi	8	Lundi	CONCEP.	27	17
19	Nonidi	9	Mardi	ste Gorgo.	28	18
20	*Decadi*	10	Merc.	ste Valère	29	19
21	Prim.	11	Jeudi	s. Fuscien	30	20
22	Duodi	12	Vend.	s. Damas.	1 Décembre.	21
23	Tridi	13	Sam.	ste Luce	2	22
24	Quart.	14	3 *D.*	s. Nicaise	3	23
25	Quint.	15	Lundi	s. Memin	4	24
26	Sextidi	16	Mardi	ste Adél.	5	25
27	Septidi	17	Merc.	*Quatre-T.*	6	26
28	Octidi	18	Jeudi	s. Gatien	7	27
29	Nonidi	19	Vend.	ste Meuris	8	28
30	*Decadi*	20	Sam.	s. Philog.	9	29

STYLE DÉCAD.	NIVÔSE.	STYLE GRÉGOR.	DÉCEMBRE-JANV.		STYLE JULIEN.	Age de la lune.
1	Prim.	21 Décembre 1794.	4 *D.*	s. Thomas	10 Décembre 1794.	30
2	Duodi	22	Lundi	s. Ischyr.	11	1
3	Tridi	23	Mardi	s. Yves	12	2
4	Quart.	24	Merc.	*Vigiles-J.*	13	3
5	Quint.	25	Jeudi	NOEL	14	4
6	Sextidi	26	Vend.	s. Étienne	15	5
7	Septidi	27	Sam.	s. Jean, é.	16	6
8	Octidi	28	*Dim.*	ss. Innoc.	17	7
9	Nonidi	29	Lundi	s. Th. C.	18	8
10	*Decadi*	30	Mardi	s[te] Colom.	19	9
11	Prim.	31	Merc.	s. Sylvest.	20	10
12	Duodi	1 Janvier 1795.	Jeudi	CIRCONC.	21	11
13	Tridi	2	Vend.	s. Basile	22	12
14	Quart.	3	Sam.	s[te] Genev.	23	13
15	Quint.	4	*Dim.*	s. Rigob.	24	14
16	Sextidi	5	Lundi	s. Siméon	25	15
17	Septidi	6	Mardi	ÉPIPHAN.	26	16
18	Octidi	7	Merc.	s. Théau	27	17
19	Nonidi	8	Jeudi	s. Lucien	28	18
20	*Decadi*	9	Vend.	s. Pierre	29	19
21	Prim.	10	Sam.	s. Paul	30	20
22	Duodi	11	1 *D.*	s. Hygin	31	21
23	Tridi	12	Lundi	s. Arcade	1 Janvier 1795.	22
24	Quart.	13	Mardi	B. N. S.	2	23
25	Quint.	14	Merc.	s. Hilaire	3	24
26	Sextidi	15	Jeudi	s. Maur	4	25
27	Septidi	16	Vend.	s. Guillau.	5	26
28	Octidi	17	Sam.	s. Antoine	6	27
29	Nonidi	18	2 *D.*	Ch. s. Pi.	7	28
30	*Decadi*	19	Lundi	s. Sulpice	8	29

STYLE DÉCAD.	PLUVIÔSE.	STYLE GRÉGOR.	JANVIER-FÉVRIER.		STYLE JULIEN.	Age de la lune.
1	Prim.	20 Janvier 1795.	Mardi	s. Sébast.	9 Janvier 1795.	30
2	Duodi	21	Merc.	s[te] Agnès	10	1
3	Tridi	22	Jeudi	s. Vincent	11	2
4	Quart.	23	Vend.	s. Ildéf.	12	3
5	Quint.	24	Sam.	s. Babyl.	13	4
6	Sextidi	25	3 *D.*	C. s. Paul	14	5
7	Septidi	26	Lundi	s[te] Paule	15	6
8	Octidi	27	Mardi	s. Julien	16	7
9	Nonidi	28	Merc.	s. Cyrille	17	8
10	*Decadi*	29	Jeudi	s. F. de S.	18	9
11	Prim.	30	Vend.	s. Bathil.	19	10
12	Duodi	31	Sam.	s. Pi. N.	20	11
13	Tridi	1 Février.	*Dim.*	*Septuag.*	21	12
14	Quart.	2	Lundi	PURIFIC.	22	13
15	Quint.	3	Mardi	s. Blaise	23	14
16	Sextidi	4	Merc.	s. Philéas	24	15
17	Septidi	5	Jeudi	s[te] Agathe	25	16
18	Octidi	6	Vend.	s. Vast	26	17
19	Nonidi	7	Sam.	s. Romu.	27	18
20	*Decadi*	8	*Dim.*	*Sexagés.*	28	19
21	Prim.	9	Lundi	s[te] Apoll.	29	20
22	Duodi	10	Mardi	s[te] Scolas.	30	21
23	Tridi	11	Merc.	s. Severin	31	22
24	Quart.	12	Jeudi	s. Mélèce	1 Février.	23
25	Quint.	13	Vend.	s[te] Eulalie	2	24
26	Sextidi	14	Sam.	s. Lezin	3	25
27	Septidi	15	*Dim.*	*Quinq.*	4	26
28	Octidi	16	Lundi	s. Faustin	5	27
29	Nonidi	17	Mardi	s. Siméon	6	28
30	*Decadi*	18	Merc.	*Cendres*	7	29

STYLE DÉCAD.	VENTÔSE.	STYLE GRÉGOR.	FÉVRIER-MARS.		STYLE JULIEN.	Age de la lune.
1	Prim.	19 Février 1795.	Jeudi	s. Moyse	8 Février 1795.	1
2	Duodi	20	Vend.	Les 5 Pl.	9	2
3	Tridi	21	Sam.	s. Prétex.	10	3
4	Quart.	22	1 *D.*	*Quadrag.*	11	4
5	Quint.	23	Lundi	s. Alexis	12	5
6	Sextidi	24	Mardi	s. Math.	13	6
7	Septidi	25	Merc.	*Quatre-T.*	14	7
8	Octidi	26	Jeudi	ste Hono.	15	8
9	Nonidi	27	Vend.	s. Porph.	16	9
10	*Decadi*	28	Sam.	s. Rom.	17	10
11	Prim.	1 Mars.	2 *D.*	*Reminisc.*	18	11
12	Duodi	2	Lundi	ste Cunég.	19	12
13	Tridi	3	Mardi	s. Simpl.	20	13
14	Quart.	4	Merc.	s. Casim.	21	14
15	Quint.	5	Jeudi	s. Draus.	22	15
16	Sextidi	6	Vend.	s. Godeg.	23	16
17	Septidi	7	Sam.	s. J. de D.	24	17
18	Octidi	8	3 *D.*	*Oculi*	25	18
19	Nonidi	9	Lundi	ste Franç.	26	19
20	*Decadi*	10	Mardi	s. Doct.	27	20
21	Prim.	11	Merc.	40 Mart.	28	21
22	Duodi	12	Jeudi	s. Pol, év.	1 Mars.	22
23	Tridi	13	Vend.	s. Lubin	2	23
24	Quart.	14	Sam.	s. Tranq.	3	24
25	Quint.	15	4 *D.*	*Lœtare*	4	25
26	Sextidi	16	Lundi	s. Abrah.	5	26
27	Septidi	17	Mardi	ste Gertr.	6	27
28	Octidi	18	Merc.	s. Alex.	7	28
29	Nonidi	19	Jeudi	s. Joseph	8	29
30	*Decadi*	20	Vend.	s. Joach.	9	30

STYLE DÉCAD.	GERMINAL.	STYLE GRÉGOR.	MARS-AVRIL.		STYLE JULIEN.	Age de la lune.
1	Prim	21 Mars 1795.	Sam.	s. Benoît	10 Mars 1795.	1
2	Duodi	22	5 *D.*	*Passion*	11	2
3	Tridi	23	Lundi	s. Victor	12	3
4	Quart.	24	Mardi	s. Simon	13	4
5	Quint.	25	Merc.	ANNONC.	14	5
6	Sextidi	26	Jeudi	s. Leugd.	15	6
7	Septidi	27	Vend.	Compass.	16	7
8	Octidi	28	Sam.	s. Gontr.	17	8
9	Nonidi	29	6 *D.*	*Rameaux*	18	9
10	*Decadi*	30	Lundi	s. Rieul, é.	19	10
11	Prim.	31	Mardi	s. Acace	20	11
12	Duodi	1 Avril.	Merc.	s. Hugues	21	12
13	Tridi	2	Jeudi	s. F. de P.	22	13
14	Quart.	3	Vend.	*Vend. S.*	23	14
15	Quint.	4	Sam.	s. Vin. F.	24	15
16	Sextidi	5	*Dim.*	PASQUE	25	16
17	Septidi	6	Lundi	s. Prud.	26	17
18	Octidi	7	Mardi	s. Hégés.	27	18
19	Nonidi	8	Merc.	ste Mar. é.	28	19
20	*Decadi*	9	Jeudi	s. Macai.	29	20
21	Prim.	10	Vend.	s. Léon	30	21
22	Duodi	11	Sam.	s. Jules	31	22
23	Tridi	12	1 *D.*	*Quasim.*	1 Avril.	23
24	Quart.	13	Lundi	s. Herm.	2	24
25	Quint.	14	Mardi	s. Tibur.	3	25
26	Sextidi	15	Merc.	s. Paterne	4	26
27	Septidi	16	Jeudi	s. Fruct.	5	27
28	Octidi	17	Vend.	s. Anicet	6	28
29	Nonidi	18	Sam.	s. Parfait	7	29
30	*Decadi*	19	2 *D.*	s. Elpheg.	8	1

STYLE DÉCAD.	FLORÉAL.	STYLE GRÉGOR.		AVRIL-MAI.		STYLE JULIEN.		Age de la lune.
1	Prim.	20	Avril 1795.	Lundi	s. Marci.	9	Avril 1795.	2
2	Duodi	21		Mardi	s. Ansel.	10		3
3	Tridi	22		Merc.	ste Oport.	11		4
4	Quart.	23		Jeudi	s. George	12		5
5	Quint.	24		Vend.	ste Beuve	13		6
6	Sextidi	25		Sam.	s. Marc	14		7
7	Septidi	26		3 *D.*	s. Clet	15		8
8	Octidi	27		Lundi	s. Polyc.	16		9
9	Nonidi	28		Mardi	s. Vital	17		10
10	*Decadi*	29		Merc.	s. Robert	18		11
11	Prim.	30		Jeudi	s. Eutrop.	19		12
12	Duodi	1	Mai.	Vend.	s. J. S. Ph.	20		13
13	Tridi	2		Sam.	s. Athan.	21		14
14	Quart.	3		4 *D.*	Inv. ste C.	22		15
15	Quint.	4		Lundi	ste Moniq.	23		16
16	Sextidi	5		Mardi	C. S. A.	24		17
17	Septidi	6		Merc.	s. J. P. L.	25		18
18	Octidi	7		Jeudi	s. Stanisl.	26		19
19	Nonidi	8		Vend.	s. Désiré	27		20
20	*Decadi*	9		Sam.	s. G. de N.	28		21
21	Prim.	10		5 *D.*	s. Gord.	29		22
22	Duodi	11		Lundi	*Rogations*	30		23
23	Tridi	12		Mardi	s. Nérée	1	Mai.	24
24	Quart.	13		Merc.	ste Onési.	2		25
25	Quint.	14		Jeudi	ASCENS.	3		26
26	Sextidi	15		Vend.	s. Isidore	4		27
27	Septidi	16		Sam.	s. Honoré	5		28
28	Octidi	17		6 *D.*	s. Pascal	6		29
29	Nonidi	18		Lundi	s. Éric	7		1
30	*Decadi*	19		Mardi	ste Célest.	8		2

STYLE DÉCAD.	PRAIRIAL.	STYLE GRÉGOR.	MAI-JUIN.		STYLE JULIEN.	Age de la lune.
1	Prim.	20 Mai 1795.	Merc.	s. Bernar.	9 Mai 1795.	3
2	Duodi	21	Jeudi	s. Hospic.	10	4
3	Tridi	22	Vend.	s^{te} Julie	11	5
4	Quart.	23	Sam.	*Vigiles-J.*	12	6
5	Quint.	24	*Dim.*	PENTEC.	13	7
6	Sextidi	25	Lundi	s. Urbain	14	8
7	Septidi	26	Mardi	s. Donat.	15	9
8	Octidi	27	Merc.	*Quatre-T.*	16	10
9	Nonidi	28	Jeudi	s. Germ.	17	11
10	*Decadi*	29	Vend.	s. Maxim.	18	12
11	Prim.	30	Sam.	s. Félix	19	13
12	Duodi	31	1 *D.*	*Trinité*	20	14
13	Tridi	1 Juin.	Lundi	s. Pamp.	21	15
14	Quart.	2	Mardi	s. Pothin	22	16
15	Quint.	3	Merc.	s^{te} Clotild.	23	17
16	Sextidi	4	Jeudi	FÊTE-D.	24	18
17	Septidi	5	Vend.	s. Bonifa.	25	19
18	Octidi	6	Sam.	s. Norb.	26	20
19	Nonidi	7	2 *D.*	s. Paul, ar.	27	21
20	*Decadi*	8	Lundi	s. Médard	28	22
21	Prim.	9	Mardi	s. Basilid.	29	23
22	Duodi	10	Merc.	s. Landry	30	24
23	Tridi	11	Jeudi	*Oct. F. D.*	31	25
24	Quart.	12	Vend.	s. Gordi.	1 Juin.	26
25	Quint.	13	Sam.	s. Ant. P.	2	27
26	Sextidi	14	3 *D.*	s. Ruffin	3	28
27	Septidi	15	Lundi	s. Guy	4	29
28	Octidi	16	Mardi	s. Cyr	5	30
29	Nonidi	17	Merc.	s. Avit	6	1
30	*Decadi*	18	Jeudi	s^{te} Marine	7	2

STYLE DÉCAD.	MESSIDOR.	STYLE GRÉGOR.	JUIN-JUILLET.		STYLE JULIEN.	Age de la lune.
1	Prim.	19 Juin 1795.	Vend.	s. Gervais	8 Juin 1795.	3
2	Duodi	20	Sam.	s. Sylvère	9	4
3	Tridi	21	4 *D.*	s. Leufroi	10	5
4	Quart.	22	Lundi	s. Paulin	11	6
5	Quint.	23	Mardi	*Vigiles-J.*	12	7
6	Sextidi	24	Merc.	N. s. J.-B.	13	8
7	Septidi	25	Jeudi	s. Prosp.	14	9
8	Octidi	26	Vend.	s. Babol.	15	10
9	Nonidi	27	Sam.	*Vigiles-J.*	16	11
10	*Decadi*	28	5 *D.*	s. Irénée	17	12
11	Prim.	29	Lundi	s. Pi. s. P.	18	13
12	Duodi	30	Mardi	Com. s. P.	19	14
13	Tridi	1 Juillet.	Merc.	s. Martial	20	15
14	Quart.	2	Jeudi	Vis. N. D.	21	16
15	Quint.	3	Vend.	s. Anato.	22	17
16	Sextidi	4	Sam.	Tr. s. Ma.	23	18
17	Septidi	5	6 *D.*	ste Zoé	24	19
18	Octidi	6	Lundi	s. Tranq.	25	20
19	Nonidi	7	Mardi	ste Aubie.	26	21
20	*Decadi*	8	Merc.	ste Élisab.	27	22
21	Prim.	9	Jeudi	s. Cyrille	28	23
22	Duodi	10	Vend.	ste Félicité	29	24
23	Tridi	11	Sam.	Tr. s. B.	30	25
24	Quart.	12	7 *D.*	s. Gualb.	1 Juillet.	26
25	Quint.	13	Lundi	s. Turiaf	2	27
26	Sextidi	14	Mardi	s. Bonav.	3	28
27	Septidi	15	Merc.	s. Henri	4	29
28	Octidi	16	Jeudi	s. Eustate	5	1
29	Nonidi	17	Vend.	s. Spérat	6	2
30	*Decadi*	18	Sam.	s. Clair, é.	7	3

STYLE DÉCAD	THERMIDOR.	STYLE GRÉGOR.	JUILLET-AOUT.		STYLE JULIEN.	Age de la lune.
1	Prim.	19 Juillet 1795.	8 *D.*	s. Vincent	8 Juillet 1795.	4
2	Duodi	20	Lundi	ste Marg.	9	5
3	Tridi	21	Mardi	s. Victor	10	6
4	Quart.	22	Merc.	ste Magd.	11	7
5	Quint.	23	Jeudi	s. Apoll.	12	8
6	Sextidi	24	Vend.	ste Christ.	13	9
7	Septidi	25	Sam.	s. Jacq. m.	14	10
8	Octidi	26	9 *D.*	s. Christ.	15	11
9	Nonidi	27	Lundi	s. George	16	12
10	*Decadi*	28	Mardi	ste Anne	17	13
11	Prim.	29	Merc.	s. Loup	18	14
12	Duodi	30	Jeudi	s. Abdon	19	15
13	Tridi	31	Vend.	s. Germ.	20	16
14	Quart.	1 Août.	Sam.	s. Pi. ès-l.	21	17
15	Quint.	2	10 *D.*	s. Étienne	22	18
16	Sextidi	3	Lundi	Inv. s. Ét.	23	19
17	Septidi	4	Mardi	Sus. ste Cr.	24	20
18	Octidi	5	Merc.	s. Domin.	25	21
19	Nonidi	6	Jeudi	Tr. N. S.	26	22
20	*Decadi*	7	Vend.	s. Gaëtan	27	23
21	Prim.	8	Sam.	s. Justin	28	24
22	Duodi	9	11 *D.*	s. Romain	29	25
23	Tridi	10	Lundi	s. Laur.	30	26
24	Quart.	11	Mardi	S. ste Cou.	31	27
25	Quint.	12	Merc.	ste Claire	1 Août.	28
26	Sextidi	13	Jeudi	s. Hippol.	2	29
27	Septidi	14	Vend.	*Vigil.-J.*	3	1
28	Octidi	15	Sam.	ASSOMP.	4	2
29	Nonidi	16	12 *D.*	s. Roch	5	3
30	*Decadi*	17	Lundi	s. Mam.	6	4

STYLE DÉCAD.	FRUCTIDOR.	STYLE GRÉGOR.	AOUT-SEPTEMBRE.		STYLE JULIEN.	Age de la lune.
1	Prim.	18 Août 1795.	Mardi	ste Hélène	7 Août 1795.	5
2	Duodi	19	Merc.	s. Louis, é.	8	6
3	Tridi	20	Jeudi	s. Bernard	9	7
4	Quart.	21	Vend.	s. Privat	10	8
5	Quint.	22	Sam.	s. Symph.	11	9
6	Sextidi	23	13 *D.*	s. Sidoine	12	10
7	Septidi	24	Lundi	s. Barthél.	13	11
8	Octidi	25	Mardi	s. Louis	14	12
9	Nonidi	26	Merc.	s. Zéphir.	15	13
10	*Decadi*	27	Jeudi	s. Césaire	16	14
11	Prim.	28	Vend.	s. August.	17	15
12	Duodi	29	Sam.	D. s. J.-B.	18	16
13	Tridi	30	14 *D.*	s. Fiacre	19	17
14	Quart.	31	Lundi	s. Médéric	20	18
15	Quint.	1 Septembre.	Mardi	s. L. s. G.	21	19
16	Sextidi	2	Merc.	s. Lazare	22	20
17	Septidi	3	Jeudi	s. Grégoi.	23	21
18	Octidi	4	Vend.	ste Rosalie	24	22
19	Nonidi	5	Sam.	s. Bertin	25	23
20	*Decadi*	6	15 *D.*	s. Onésip.	26	24
21	Prim.	7	Lundi	s. Cloud.	27	25
22	Duodi	8	Mardi	NAT. N. D.	28	26
23	Tridi	9	Merc.	s. Omer	29	27
24	Quart.	10	Jeudi	s. Nic. T.	30	28
25	Quint.	11	Vend.	s. Patient	31	29
26	Sextidi	12	Sam.	s. Serdot	1 Septembre.	30
27	Septidi	13	16 *D.*	s. Mauril.	2	1
28	Octidi	14	Lundi	Ex. ste Cr.	3	2
29	Nonidi	15	Mardi	s. Nicom.	4	3
30	*Decadi*	16	Merc.	*Quatre-T.*	5	4

STYLE DÉCAD.	JOURS COMPL.	STYLE GRÉGOR.	SEPTEMBRE.		STYLE JULIEN.	Age de la lune.
1		17 Septemb. 1795.	Jeudi	s. Lamb.	6 Septemb. 1795.	5
2		18	Vend.	s. J. Chr.	7	6
3		19	Sam.	s. Janvier	8	7
4		20	17 *D.*	s. Eustac.	9	8
5		21	Lundi	s. Math.	10	9
6		22	Mardi	s. Maurice	11	10

AN IV.

ARTICLES PRINCIPAUX DU CALENDRIER.

ANNÉE de la Période julienne........ 6509

Depuis la première Olympiade d'Iphitus jusqu'en juillet.... 2570

De la fondation de Rome, selon Varron (Mars)............ 2549

De l'époque de Nabonassar, depuis février.............. 2543

De l'Hégire ou époque des Turcs (Julienne)................ 1174

L'année 1211 des Turcs commencera le 19 messidor an 4 (7 juillet 1796).

Comput ecclésiastique pour 1796.

Nombre d'or........................ 11
Épacte............................ XX
Cycle solaire....................... 13
Indiction romaine.................... 14
Lettre dominicale................... C B

STYLE DÉCAD.	VENDÉMIAIRE.	STYLE GRÉGOR.	SEPTEMB.-OCTOB.		STYLE JULIEN.	Age de la lune.
1	Prim.	23 Septembre 1795.	Merc.	ste Thècle	12 Septembre 1795.	11
2	Duodi	24	Jeudi	s. Andoche	13	12
3	Tridi	25	Vend.	s. Firmin	14	13
4	Quart.	26	Sam.	ste Justine	15	14
5	Quint.	27	18 *D.*	s. C. s. D.	16	15
6	Sextidi	28	Lundi	s. Céran	17	16
7	Septidi	29	Mardi	s. Michel	18	17
8	Octidi	30	Merc.	s. Jérôme	19	18
9	Nonidi	1 Octobre.	Jeudi	s. Remi	20	19
10	*Decadi*	2	Vend.	ss. Anges	21	20
11	Prim.	3	Sam.	s. Den. A.	22	21
12	Duodi	4	19 *D.*	s. Franç.	23	22
13	Tridi	5	Lundi	ste Aure	24	23
14	Quart.	6	Mardi	s. Bruno	25	24
15	Quint.	7	Merc.	s. Serge	26	25
16	Sextidi	8	Jeudi	s. Dem.	27	26
17	Septidi	9	Vend.	s. DENIS	28	27
18	Octidi	10	Sam.	s. Géréon	29	28
19	Nonidi	11	20 *D.*	s. Nicaise	30	29
20	*Decadi*	12	Lundi	s. Wilfr.	1 Octobre.	30
21	Prim.	13	Mardi	s. Géraud	2	1
22	Duodi	14	Merc.	s. Caliste	3	2
23	Tridi	15	Jeudi	ste Thérès.	4	3
24	Quart.	16	Vend.	s. Gal, ab.	5	4
25	Quint.	17	Sam.	s. Cerb.	6	5
26	Sextidi	18	21 *D.*	s. Luc, év.	7	6
27	Septidi	19	Lundi	s. Savinien	8	7
28	Octidi	20	Mardi	s. Sendou	9	8
29	Nonidi	21	Merc.	ste Ursule	10	9
30	*Decadi*	22	Jeudi	s. Mellon	11	10

STYLE DÉCAD.	BRUMAIRE.	STYLE GRÉGOR.	OCTOBRE-NOVEMB.		STYLE JULIEN.	Age de la lune.
1	Prim.	23 Octobre 1795.	Vend.	s. Hilar.	12 Octobre 1795.	11
2	Duodi	24	Sam.	s. Maglo.	13	12
3	Tridi	25	22 *D.*	s. C. s. C.	14	13
4	Quart.	26	Lundi	s. Rustiq.	15	14
5	Quint.	27	Mardi	s. Frum.	16	15
6	Sextidi	28	Merc.	s. S. s. J.	17	16
7	Septidi	29	Jeudi	s. Faron	18	17
8	Octidi	30	Vend.	s. Lucain	19	18
9	Nonidi	31	Sam.	*Vigil. J.*	20	19
10	*Decadi*	1 Novembre.	23 *D.*	TOUSS.	21	20
11	Prim.	2	Lundi	MORTS	22	21
12	Duodi	3	Mardi	s. Marcel	23	22
13	Tridi	4	Merc.	s. Charles	24	23
14	Quart.	5	Jeudi	ste Bertile	25	24
15	Quint.	6	Vend.	s. Léonard	26	25
16	Sextidi	7	Sam.	s. Willeb.	27	26
17	Septidi	8	24 *D.*	stes Reliq.	28	27
18	Octidi	9	Lundi	s. Mathur.	29	28
19	Nonidi	10	Mardi	s. Léon	30	29
20	*Decadi*	11	Merc.	s. Martin	31	1
21	Prim.	12	Jeudi	s. René	1 Novembre.	2
22	Duodi	13	Vend.	s. Gend.	2	3
23	Tridi	14	Sam.	s. Mart. p.	3	4
24	Quart.	15	25 *D.*	s. Eugène	4	5
25	Quint.	16	Lundi	s. Eucher	5	6
26	Sextidi	17	Mardi	s. Agnan	6	7
27	Septidi	18	Merc.	ste Aude	7	8
28	Octidi	19	Jeudi	ste Élisab.	8	9
29	Nonidi	20	Vend.	s. Edmo.	9	10
30	*Decadi*	21	Sam.	Pr. N. D.	10	11

STYLE DÉCAD.	FRIMAIRE.	STYLE GRÉGOR.	NOVEMBRE-DÉC.		STYLE JULIEN.	Age de la lune.
1	Prim.	22 Novembre 1795.	26 *D.*	ste Cécile	11 Novembre 1795.	12
2	Duodi	23	Lundi	s. Clément	12	13
3	Tridi	24	Mardi	s. Severin	13	14
4	Quart.	25	Merc.	ste Cather.	14	15
5	Quint.	26	Jeudi	ste Genev.	15	16
6	Sextidi	27	Vend.	s. Vital.	16	17
7	Septidi	28	Sam.	s. Sosthè.	17	18
8	Octidi	29	1 *D.*	*Avent*	18	19
9	Nonidi	30	Lundi	s. André	19	20
10	*Decadi*	1 Décembre.	Mardi	s. Éloi	20	21
11	Prim.	2	Merc.	s. Fr. Xav.	21	22
12	Duodi	3	Jeudi	ste Barbe	22	23
13	Tridi	4	Vend.	s. Mirocl.	23	24
14	Quart.	5	Sam.	s. Sabas	24	25
15	Quint.	6	2 *D.*	s. Nicolas	25	26
16	Sextidi	7	Lundi	ste Fare	26	27
17	Septidi	8	Mardi	CONCEP.	27	28
18	Octidi	9	Merc.	ste Gorgo.	28	29
19	Nonidi	10	Jeudi	ste Valère	29	30
20	*Decadi*	11	Vend.	s. Fuscien	30	1
21	Prim.	12	Sam.	s. Damas	1	2
22	Duodi	13	3 *D.*	ste Luce	2 Décembre.	3
23	Tridi	14	Lundi	s. Nicaise	3	4
24	Quart.	15	Mardi	s. Memin	4	5
25	Quint.	16	Merc.	*Quatre-T.*	5	6
26	Sextidi	17	Jeudi	ste Olym.	6	7
27	Septidi	18	Vend.	s. Gatien	7	8
28	Octidi	19	Sam.	ste Meuris	8	9
29	Nonidi	20	4 *D.*	s. Philog.	9	10
30	*Decadi*	21	Lundi	s. Thomas	10	11

STYLE DÉCAD.	NIVÔSE.	STYLE GRÉGOR.	DÉCEMBRE-JANV.		STYLE JULIEN.	Âge de la lune.
1	Prim.	22 Décembre 1795.	Mardi	s. Ischyr.	11 Décembre 1795.	12
2	Duodi	23	Merc.	s. Yves	12	13
3	Tridi	24	Jeudi	*Vigil.-J.*	13	14
4	Quart.	25	Vend.	NOEL	14	15
5	Quint.	26	Sam.	s. Étienne	15	16
6	Sextidi	27	*Dim.*	s. Jean, é.	16	17
7	Septidi	28	Lundi	ss. Innoc.	17	18
8	Octidi	29	Mardi	s. Th. C.	18	19
9	Nonidi	30	Merc.	ste Colom.	19	20
10	*Decadi*	31	Jeudi	s. Sylvest.	20	21
11	Prim.	1 Janvier 1796.	Vend.	Circonc.	21	22
12	Duodi	2	Sam.	s. Basile	22	23
13	Tridi	3	*Dim.*	ste Genev.	23	24
14	Quart.	4	Lundi	s. Rigob.	24	25
15	Quint.	5	Mardi	s. Siméon	25	26
16	Sextidi	6	Merc.	Épiphan.	26	27
17	Septidi	7	Jeudi	s. Théau	27	28
18	Octidi	8	Vend.	s. Lucien	28	29
19	Nonidi	9	Sam.	s. Pierre	29	30
20	*Decadi*	10	1 *D.*	s. Paul	30	1
21	Prim.	11	Lundi	s. Hygin	31	2
22	Duodi	12	Mardi	s. Arcade	1 Janvier 1796.	3
23	Tridi	13	Merc.	B. N. S.	2	4
24	Quart.	14	Jeudi	s. Hilaire	3	5
25	Quint.	15	Vend.	s. Maur	4	6
26	Sextidi	16	Sam.	s. Guilla.	5	7
27	Septidi	17	2 *D.*	s. Antoine	6	8
28	Octidi	18	Lundi	Ch. s. P.	7	9
29	Nonidi	19	Mardi	s. Sulpice	8	10
30	*Decadi*	20	Merc.	s. Sébast.	9	11

STYLE DÉCAD.	PLUVIÔSE.	STYLE GRÉGOR.	JANVIER-FÉVRIER.		STYLE JULIEN.	Age de la lune.
1	Prim.	21 Janvier 1796.	Jeudi	ste Agnès	10 Janvier 1796.	12
2	Duodi	22	Vend.	s. Vinc.	11	13
3	Tridi	23	Sam.	s. Ildéf.	12	14
4	Quart.	24	*Dim.*	*Septuag.*	13	15
5	Quint.	25	Lundi	C. s. Paul	14	16
6	Sextidi	26	Mardi	ste Paule	15	17
7	Septidi	27	Merc.	s. Julien	16	18
8	Octidi	28	Jeudi	s. Cyrille	17	19
9	Nonidi	29	Vend.	s. F. de S.	18	20
10	*Decadi*	30	Sam.	s. Bathil.	19	21
11	Prim.	31	*Dim.*	*Sexagés.*	20	22
12	Duodi	1 Février.	Lundi	s. Ignace	21	23
13	Tridi	2	Mardi	PURIFIC.	22	24
14	Quart.	3	Merc.	s. Blaise	23	25
15	Quint.	4	Jeudi	s. Philéas.	24	26
16	Sextidi	5	Vend.	ste Agathe	25	27
17	Septidi	6	Sam.	s. Vast.	26	28
18	Octidi	7	*Dim.*	*Quinq.*	27	29
19	Nonidi	8	Lundi	s. J. de M.	28	30
20	*Decadi*	9	Mardi	ste Apoll.	29	1
21	Prim.	10	Merc.	*Cendres*	30	2
22	Duodi	11	Jeudi	s. Severin	31	3
23	Tridi	12	Vend.	Les 5 Pl.	1 Février.	4
24	Quart.	13	Sam.	ste Eûlalie	2	5
25	Quint.	14	*Dim.*	*Quadr.*	3	6
26	Sextidi	15	Lundi	s. Valen.	4	7
27	Septidi	16	Mardi	s. Faustin	5	8
28	Octidi	17	Merc.	*Quatre-T.*	6	9
29	Nonidi	18	Jeudi	s. Siméon	7	10
30	*Decadi*	19	Vend.	s. Moyse	8	11

STYLE DÉCAD.	VENTÔSE.	STYLE GRÉGOR.	FÉVRIER-MARS.		STYLE JULIEN.	Age de la lune.
1	Prim.	20 Février 1796.	Sam.	s. Didier	9 Février 1796.	12
2	Duodi	21	2 *D.*	*Reminisc.*	10	13
3	Tridi	22	Lundi	s. Flavien	11	14
4	Quart.	23	Mardi	s. Prétex.	12	15
5	Quint.	24	Merc.	s. Damien	13	16
6	Sextidi	25	Jeudi	s. Math.	14	17
7	Septidi	26	Vend.	s. Alexis	15	18
8	Octidi	27	Sam.	ste Hono.	16	19
9	Nonidi	28	3 *D.*	*Oculi*	17	20
10	*Decadi*	29	Lundi	s. Rom.	18	21
11	Prim.	1 Mars.	Mardi	s. Aubin.	19	22
12	Duodi	2	Merc.	ste Cunég.	20	23
13	Tridi	3	Jeudi	s. Simpl.	21	24
14	Quart.	4	Vend.	s. Casim.	22	25
15	Quint.	5	Sam.	s. Draus.	23	26
16	Sextidi	6	4 *D.*	*Lœtare*	24	27
17	Septidi	7	Lundi	s. Perpét.	25	28
18	Octidi	8	Mardi	s. J. de D.	26	29
19	Nonidi	9	Merc.	ste Franç.	27	1
20	*Decadi*	10	Jeudi	s. Doctr.	28	2
21	Prim.	11	Vend.	40 Mart.	29	3
22	Duodi	12	Sam.	s. Pol, év.	1 Mars.	4
23	Tridi	13	5 *D.*	*Passion*	2	5
24	Quart.	14	Lundi	s. Tranq.	3	6
25	Quint.	15	Mardi	s. Zachar.	4	7
26	Sextidi	16	Merc.	s. Abrah.	5	8
27	Septidi	17	Jeudi	ste Gertr.	6	9
28	Octidi	18	Vend.	Compass.	7	10
29	Nonidi	19	Sam.	s. Joseph	8	11
30	*Decadi*	20	6 *D.*	*Rameaux*	9	12

STYLE DÉCAD.	GERMINAL.	STYLE GRÉGOR.	MARS-AVRIL.		STYLE JULIEN.	Age de la lune.
1	Prim.	21 Mars 1796.	Lundi	s. Benoît	10 Mars 1796.	13
2	Duodi	22	Mardi	s. Epaph.	11	14
3	Tridi	23	Merc.	s. Victor	12	15
4	Quart.	24	Jeudi	s. Simon	13	16
5	Quint.	25	Vend.	*Vend. S.*	14	17
6	Sextidi	26	Sam.	s. Leudg.	15	18
7	Septidi	27	*Dim.*	PASQUE	16	19
8	Octidi	28	Lundi	s. Gontr.	17	20
9	Nonidi	29	Mardi	s. Cyrille	18	21
10	*Decadi*	30	Merc.	s. Rieul, é.	19	22
11	Prim.	31	Jeudi	s. Acace	20	23
12	Duodi	1 Avril.	Vend.	s. Hugues	21	24
13	Tridi	2	Sam.	s. F. de P.	22	25
14	Quart.	3	1 *D.*	*Quasim.*	23	26
15	Quint.	4	Lundi	ANNONC.	24	27
16	Sextidi	5	Mardi	s. Vin. F.	25	28
17	Septidi	6	Merc.	s. Prud.	26	29
18	Octidi	7	Jeudi	s. Hégés.	27	30
19	Nonidi	8	Vend.	ste Mar. é.	28	1
20	*Decadi*	9	Sam.	s. Macai.	29	2
21	Prim.	10	2 *D.*	s. Léon	30	3
22	Duodi	11	Lundi	s. Jules	31	4
23	Tridi	12	Mardi	s. Perpét.	1 Avril.	5
24	Quart.	13	Merc.	s. Herm.	2	6
25	Quint.	14	Jeudi	s. Tibur.	3	7
26	Sextidi	15	Vend.	s. Patern.	4	8
27	Septidi	16	Sam.	s. Fruct.	5	9
28	Octidi	17	3 *D.*	s Anicet	6	10
29	Nonidi	18	Lundi	s. Parfait	7	11
30	*Decadi*	19	Mardi	s. Elpheg.	8	12

STYLE DÉCAD.	FLORÉAL.	STYLE GRÉGOR.	AVRIL-MAI.		STYLE JULIEN.	Age de la lune.
1	Prim.	20 Avril 1796.	Merc.	s. Hildeg.	9 Avril 1796.	13
2	Duodi	21	Jeudi	s. Anselm.	10	14
3	Tridi	22	Vend.	s^{te} Oport.	11	15
4	Quart.	23	Sam.	s. George	12	16
5	Quint.	24	4 *D.*	s^{te} Beuve	13	17
6	Sextidi	25	Lundi	s. Marc	14	18
7	Septidi	26	Mardi	s. Clét	15	19
8	Octidi	27	Merc.	s. Polyc.	16	20
9	Nonidi	28	Jeudi	s. Vital	17	21
10	*Decadi*	29	Vend.	s. Robert	18	22
11	Prim.	30	Sam.	s. Eutrop.	19	23
12	Duodi	1 Mai.	5 *D.*	s. J. s. Ph.	20	24
13	Tridi	2	Lundi	*Rogations*	21	25
14	Quart.	3	Mardi	Inv. s^{te} C.	22	26
15	Quint.	4	Merc.	s^{te} Moniq.	23	27
16	Sextidi	5	Jeudi	ASCENS.	24	28
17	Septidi	6	Vend.	s. J. P. L.	25	29
18	Octidi	7	Sam.	s. Stanisl.	26	1
19	Nonidi	8	6 *D.*	s. Désiré	27	2
20	*Decadi*	9	Lundi	s. G. de N.	28	3
21	Prim.	10	Mardi	s. Gord.	29	4
22	Duodi	11	Merc.	s. Mam.	30	5
23	Tridi	12	Jeudi	s. Nérée	1 Mai.	6
24	Quart.	13	Vend.	s^{te} Onési.	2	7
25	Quint.	14	Sam.	*Vigil.-J.*	3	8
26	Sextidi	15	*Dim.*	PENTEC.	4	9
27	Septidi	16	Lundi	s. Honoré	5	10
28	Octidi	17	Mardi	s. Pascal	6	11
29	Nonidi	18	Merc.	*Quatre-T.*	7	12
30	*Decadi*	19	Jeudi	s^{te} Célest.	8	13

STYLE DÉCAD.	PRAIRIAL.	STYLE GRÉGOR.	MAI-JUIN.		STYLE JULIEN.	Age de la lune.
1	Prim.	20 Mai 1796.	Vend.	s. Bernar.	9 Mai 1796.	14
2	Duodi	21	Sam.	s. Hospic.	10	15
3	Tridi	22	1 *D.*	*Trinité*	11	16
4	Quart.	23	Lundi	s. Didier	12	17
5	Quint.	24	Mardi	s. Donat.	13	18
6	Sextidi	25	Merc.	s. Urbain	14	19
7	Septidi	26	Jeudi	FÊTE-D.	15	20
8	Octidi	27	Vend.	s. Jean, p.	16	21
9	Nonidi	28	Sam.	s. Germ.	17	22
10	*Decadi*	29	2 *D.*	s. Maxim	18	23
11	Prim.	30	Lundi	s. Hubert	19	24
12	Duodi	31	Mardi	ste Pétron.	20	25
13	Tridi	1 Juin.	Merc.	s. Pamp.	21	26
14	Quart.	2	Jeudi	*Oct. F. D.*	22	27
15	Quint.	3	Vend.	ste Clotil.	23	28
16	Sextidi	4	Sam.	s. Optat	24	29
17	Septidi	5	3 *D.*	s.Boniface	25	1
18	Octidi	6	Lundi	s. Norb.	26	2
19	Nonidi	7	Mardi	s.Paul,ar.	27	3
20	*Decadi*	8	Merc.	s. Médard	28	4
21	Prim.	9	Jeudi	s. Basilid.	29	5
22	Duodi	10	Vend.	s. Landry	30	6
23	Tridi	11	Sam.	s. Barna.	31	7
24	Quart.	12	4 *D.*	s. Justin	1 Juin.	8
25	Quint.	13	Lundi	s. Ant. P.	2	9
26	Sextidi	14	Mardi	s Ruffin	3	10
27	Septidi	15	Merc.	s. Guy	4	11
28	Octidi	16	Jeudi	s. Cyr	5	12
29	Nonidi	17	Vend.	s. Avit	6	13
30	*Decadi.*	18	Sam.	ste Marine	7	14

STYLE DÉCAD.	MESSIDOR.	STYLE GRÉGOR.	JUIN-JUILLET.		STYLE JULIEN.	Age de la lune.
1	Prim.	19 Juin 1796.	5 *D.*	s. Gervais	8 Juin 1796.	15
2	Duodi	20	Lundi	s. Sylvère	9	16
3	Tridi	21	Mardi	s. Leufroi	10	17
4	Quart.	22	Merc.	s. Paulin	11	18
5	Quint.	23	Jeudi	*Vigiles-J.*	12	19
6	Sextidi	24	Vend.	N. s. J.-B.	13	20
7	Septidi	25	Sam.	s. Prosp.	14	21
8	Octidi	26	6 *D.*	s. Babol.	15	22
9	Nonidi	27	Lundi	s. Ladisl.	16	23
10	*Decadi*	28	Mardi	*Vigiles-J.*	17	24
11	Prim.	29	Merc.	s. Pi. s. P.	18	25
12	Duodi	30	Jeudi	Com. s. P.	19	26
13	Tridi	1 Juillet.	Vend.	s. Martial	20	27
14	Quart.	2	Sam.	Vis. N. D.	21	28
15	Quint.	3	7 *D.*	s. Anato.	22	29
16	Sextidi	4	Lundi	Tr. s. Ma.	23	1
17	Septidi	5	Mardi	ste Zoé	24	2
18	Octidi	6	Merc.	s. Tranq.	25	3
19	Nonidi	7	Jeudi	ste Aubie.	26	4
20	*Decadi*	8	Vend.	ste Élisab.	27	5
21	Prim.	9	Sam.	s. Cyrille	28	6
22	Duodi	10	8 *D.*	ste Félicité	29	7
23	Tridi	11	Lundi	Tr. s. B.	30	8
24	Quart.	12	Mardi	s. Gualb.	1 Juillet.	9
25	Quint.	13	Merc.	s. Turiaf	2	10
26	Sextidi	14	Jeudi	s. Bonav.	3	11
27	Septidi	15	Vend.	s. Henri	4	12
28	Octidi	16	Sam.	s. Eustate	5	13
29	Nonidi	17	9 *D.*	s. Spérat	6	14
30	*Decadi*	18	Lundi	s. Clair, é.	7	15

STYLE DÉCAD.	THERMIDOR.	STYLE GRÉGOR.	JUILLET-AOUT.		STYLE JULIEN.	Age de la lune.
1	Prim.	19 Juillet 1796.	Mardi	s. Vincent	8 Juillet 1796.	16
2	Duodi	20	Merc.	ste Marg.	9	17
3	Tridi	21	Jeudi	s. Victor	10	18
4	Quart.	22	Vend.	ste Magd.	11	19
5	Quint.	23	Sam.	s. Apoll.	12	20
6	Sextidi	24	10 *D.*	ste Christ.	13	21
7	Septidi	25	Lundi	s. Jacq. m.	14	22
8	Octidi	26	Mardi	s. Christ.	15	23
9	Nonidi	27	Merc.	s. George	16	24
10	*Decadi*	28	Jeudi	ste Anne	17	25
11	Prim.	29	Vend.	s. Loup	18	26
12	Duodi	30	Sam.	s. Abdon	19	27
13	Tridi	31	11 *D.*	s. Germ.	20	28
14	Quart.	1 Août.	Lundi	s. Pi. ès-l.	21	29
15	Quint.	2	Mardi	s. Étienne	22	30
16	Sextidi	3	Merc.	Inv. s. Ét.	23	1
17	Septidi	4	Jeudi	Sus. ste Cr.	24	2
18	Octidi	5	Vend.	s. Domin.	25	3
19	Nonidi	6	Sam.	Tr. N. S.	26	4
20	*Decadi*	7	12 *D.*	s. Gaëtan	27	5
21	Prim.	8	Lundi	s. Justin	28	6
22	Duodi	9	Mardi	s. Romain	29	7
23	Tridi	10	Merc.	s. Laur.	30	8
24	Quart.	11	Jeudi	S. ste Cou.	31	9
25	Quint.	12	Vend.	ste Claire	1 Août.	10
26	Sextidi	13	Sam.	s. Hippol.	2	11
27	Septidi	14	13 *D.*	*Vigil.-J.*	3	12
28	Octidi	15	Lundi	ASSOMP.	4	13
29	Nonidi	16	Mardi	s. Roch	5	14
30	*Decadi*	17	Merc.	s. Mam.	6	15

E 2

STYLE DÉCAD.	FRUCTIDOR.	STYLE GRÉGOR.	AOUT-SEPTEMBRE.		STYLE JULIEN.	Age de la lune.
1	Prim.	18 Août 1796.	Jeudi	ste Hélène	7 Août 1796.	16
2	Duodi	19	Vend.	s. Louis, é.	8	17
3	Tridi	20	Sam.	s. Bernard	9	18
4	Quart.	21	14 *D.*	s. Privat	10	19
5	Quint.	22	Lundi	s. Symph.	11	20
6	Sextidi	23	Mardi	s. Sidoine	12	21
7	Septidi	24	Merc.	s. Barthél.	13	22
8	Octidi	25	Jeudi	s. Louis	14	23
9	Nonidi	26	Vend.	s. Zéphir.	15	24
10	*Decadi*	27	Sam.	s. Césaire	16	25
11	Prim.	28	15 *D.*	s. August.	17	26
12	Duodi	29	Lundi	D. s. J.-B.	18	27
13	Tridi	30	Mardi	s. Fiacre	19	28
14	Quart.	31	Merc.	s. Médéric	20	29
15	Quint.	1 Septembre.	Jeudi	s. L. s. G.	21	1
16	Sextidi	2	Vend.	s. Lazare	22	2
17	Septidi	3	Sam.	s. Grégoi.	23	3
18	Octidi	4	16 *D.*	ste Rosalie	24	4
19	Nonidi	5	Lundi	s. Bertin	25	5
20	*Decadi*	6	Mardi	s. Onésip.	26	6
21	Prim.	7	Merc.	s. Cloud.	27	7
22	Duodi	8	Jeudi	Nat. N. D.	28	8
23	Tridi	9	Vend.	s. Omer	29	9
24	Quart.	10	Sam.	s. Nic. T.	30	10
25	Quint.	11	17 *D.*	s. Patient	31	11
26	Sextidi	12	Lundi	s. Serdot	1 Septembre.	12
27	Septidi	13	Mardi	s. Mauril.	2	13
28	Octidi	14	Merc.	Ex. ste Cr.	3	14
29	Nonidi	15	Jeudi	s. Nicom.	4	15
30	*Decadi*	16	Vend.	s. Cypr.	5	16

STYLE DÉCAD.	JOURS COMPL.	STYLE GRÉGOR.	SEPTEMBRE.		STYLE JULIEN.	Age de la lune.
1		17 Septemb. 1796.	Sam.	s. Lamb.	6 Septemb. 1796.	17
2		18	18 *D.*	s. J. Chr.	7	18
3		19	Lundi	s. Janvier	8	19
4		20	Mardi	s. Eustac.	9	20
5		21	Merc.	*Quatre-T.*	10	21

AN V.

ARTICLES PRINCIPAUX DU CALENDRIER.

ANNÉE de la Période julienne........ 6510

Depuis la première Olympiade d'Iphitus jusqu'en juillet.... 2571

De la fondation de Rome, selon Varron (Mars)........... 2550

De l'époque de Nabonassar, depuis février............... 2544

De l'Hégire ou époque des Turcs (Julienne)................ 1175

L'année 1212 des Turcs commencera le 8 messidor an 5 (26 juin 1797).

Comput ecclésiastique pour 1797.

Nombre d'or....................	12
Épacte.........................	1
Cycle solaire..................	14
Indiction romaine..............	15
Lettre dominicale..............	A

STYLE DÉCAD.	VENDÉMIAIRE.	STYLE GRÉGOR.	SEPTEMB.-OCTOB.		STYLE JULIEN.	Age de la lune.
1	Prim.	22 Septembre 1796.	Jeudi	s. Maurice	11 Septembre 1796.	22
2	Duodi	23	Vend.	s^te^ Thècle	12	23
3	Tridi	24	Sam.	s. And.	13	24
4	Quart.	25	19 *D.*	s. Firmin	14	25
5	Quint.	26	Lundi	s^te^ Justine	15	26
6	Sextidi	27	Mardi	s. C. s. D.	16	27
7	Septidi	28	Merc.	s. Céran	17	28
8	Octidi	29	Jeudi	s. Michel	18	29
9	Nonidi	30	Vend.	s. Jérôme	19	30
10	*Decadi*	1 Octobre.	Sam.	s. Remi	20	1
11	Prim.	2	20 *D.*	ss. Anges	21	2
12	Duodi	3	Lundi	s. Den. A.	22	3
13	Tridi	4	Mardi	s. Franç.	23	4
14	Quart.	5	Merc.	s^te^ Aure	24	5
15	Quint.	6	Jeudi	s. Bruno	25	6
16	Sextidi	7	Vend.	s. Serge	26	7
17	Septidi	8	Sam.	s. Dem.	27	8
18	Octidi	9	21 *D.*	s. DENIS	28	9
19	Nonidi	10	Lundi	s. Géréon	29	10
20	*Decadi*	11	Mardi	s. Nicaise	30	11
21	Prim.	12	Merc.	s. Wilfr.	1 Octobre.	12
22	Duodi	13	Jeudi	s. Géraud	2	13
23	Tridi	14	Vend.	s. Caliste	3	14
24	Quart.	15	Sam.	s^te^ Thérès.	4	15
25	Quint.	16	22 *D.*	s. Gal, ab.	5	16
26	Sextidi	17	Lundi	s. Cerb.	6	17
27	Septidi	18	Mardi	s. Luc, é.	7	18
28	Octidi	19	Merc.	s. Savini.	8	19
29	Nonidi	20	Jeudi	s. Sendou	9	20
30	*Decadi*	21	Vend.	s^te^ Ursule	10	21

STYLE DÉCAD.	BRUMAIRE.	STYLE GRÉGOR.	OCTOBRE-NOVEMB.		STYLE JULIEN.	Age de la lune.
1	Prim.	22 Octobre 1796.	Sam.	s. Mellon	11 Octobre 1796.	22
2	Duodi	23	23 *D.*	s. Hilar.	12	23
3	Tridi	24	Lundi	s. Maglo.	13	24
4	Quart.	25	Mardi	s. C. s. C.	14	25
5	Quint.	26	Merc.	s. Rustiq.	15	26
6	Sextidi	27	Jeudi	s. Frum.	16	27
7	Septidi	28	Vend.	s. S. s. J.	17	28
8	Octidi	29	Sam.	s. Faron	18	29
9	Nonidi	30	24 *D.*	s. Lucain	19	1
10	*Decadi*	31	Lundi	*Vigil.-J.*	20	2
11	Prim.	1 Novembre.	Mardi	TOUSS.	21	3
12	Duodi	2	Merc.	MORTS.	22	4
13	Tridi	3	Jeudi	s. Marcel	23	5
14	Quart.	4	Vend.	s. Charles	24	6
15	Quint.	5	Sam.	ste. Bertile	25	7
16	Sextidi	6	25 *D.*	s. Léonard	26	8
17	Septidi	7	Lundi	s. Willeb.	27	9
18	Octidi	8	Mardi	stes Reliq.	28	10
19	Nonidi	9	Merc.	s. Mathu.	29	11
20	*Decadi*	10	Jeudi	s. Léon	30	12
21	Prim.	11	Vend.	s. Martin	31	13
22	Duodi	12	Sam.	s. René	1 Novembre.	14
23	Tridi	13	26 *D.*	s. Gend.	2	15
24	Quart.	14	Lundi	s. Mart. p.	3	16
25	Quint.	15	Mardi	s. Eugène	4	17
26	Sextidi	16	Merc.	s. Eucher	5	18
27	Septidi	17	Jeudi	s. Agnan	6	19
28	Octidi	18	Vend.	ste Aude	7	20
29	Nonidi	19	Sam.	ste Élisab.	8	21
30	*Decadi*	20	27 *D.*	s. Edmo.	9	22

STYLE DÉCAD.	FRIMAIRE.	STYLE GRÉGOR.		NOVEMBRE-DÉC.		STYLE JULIEN.		Age de la lune.
1	Prim.	21	Novembre 1796.	Lundi	Pr. N. D.	10	Novembre 1796.	23
2	Duodi	22		Mardi	ste Cécile	11		24
3	Tridi	23		Merc.	s. Clément	12		25
4	Quart.	24		Jeudi	s. Severin	13		26
5	Quint.	25		Vend.	ste Cather.	14		27
6	Sextidi	26		Sam.	ste Genev.	15		28
7	Septidi	27		1 *D.*	*Avent*	16		29
8	Octidi	28		Lundi	s. Sosthè.	17		30
9	Nonidi	29		Mardi	s. Saturn.	18		1
10	*Decadi*	30		Merc.	s. André	19		2
11	Prim.	1	Décembre.	Jeudi	s. Éloi	20		3
12	Duodi	2		Vend.	s. Fr. Xav.	21		4
13	Tridi	3		Sam.	s. Mirocl.	22		5
14	Quart.	4		2 *D.*	ste Barbe	23		6
15	Quint.	5		Lundi	s. Sabas	24		7
16	Sextidi	6		Mardi	s. Nicolas	25		8
17	Septidi	7		Merc.	ste Fare	26		9
18	Octidi	8		Jeudi	CONCEP.	27		10
19	Nonidi	9		Vend.	ste Gorgo.	28		11
20	*Decadi*	10		Sam.	ste Valère	29		12
21	Prim.	11		3 *D.*	s. Fuscien.	30		13
22	Duodi	12		Lundi	s. Damas.	1	Décembre.	14
23	Tridi	13		Mardi	ste Luce	2		15
24	Quart.	14		Merc.	*Quatre-T.*	3		16
25	Quint.	15		Jeudi	s. Memin	4		17
26	Sextidi	16		Vend.	ste Adél.	5		18
27	Septidi	17		Sam.	s. Olym.	6		19
28	Octidi	18		4 *D.*	s. Gatien	7		20
29	Nonidi	19		Lundi	ste Meuris	8		21
30	*Decadi*	20		Mardi	s. Philog.	9		22

STYLE DÉCAD.	NIVÔSE.	STYLE GRÉGOR.		DÉCEMBRE-JANV.		STYLE JULIEN.		Age de la lune.
1	Prim.	21	Décembre 1796.	Merc.	s. Thomas	10	Décembre 1796.	23
2	Duodi	22		Jeudi	s. Ischyr.	11		24
3	Tridi	23		Vend.	s. Yves	12		25
4	Quart.	24		Sam.	*Vigiles-J.*	13		26
5	Quint.	25		*Dim.*	NOEL	14		27
6	Sextidi	26		Lundi	s. Étienne	15		28
7	Septidi	27		Mardi	s. Jean, é.	16		29
8	Octidi	28		Merc.	ss. Innoc.	17		30
9	Nonidi	29		Jeudi	s. Th. C.	18		1
10	*Decadi*	30		Vend.	s[te] Colom.	19		2
11	Prim.	31		Sam.	s. Sylvest.	20		3
12	Duodi	1	Janvier 1797.	*Dim.*	CIRCONC.	21		4
13	Tridi	2		Lundi	s. Basile	22		5
14	Quart.	3		Mardi	s[te] Genev.	23		6
15	Quint.	4		Merc.	s. Rigob.	24		7
16	Sextidi	5		Jeudi	s. Siméon	25		8
17	Septidi	6		Vend.	ÉPIPHAN.	26		9
18	Octidi	7		Sam.	s. Théau	27		10
19	Nonidi	8		1 *D.*	s. Lucien	28		11
20	*Decadi*	9		Lundi	s. Pierre	29		12
21	Prim.	10		Mardi	s. Paul	30		13
22	Duodi	11		Merc.	s. Hygin	31		14
23	Tridi	12		Jeudi	s. Arcade	1	Janvier 1797.	15
24	Quart.	13		Vend.	B. N. S.	2		16
25	Quint.	14		Sam.	s. Hilaire	3		17
26	Sextidi	15		2 *D.*	s. Maur	4		18
27	Septidi	16		Lundi	s. Guillau.	5		19
28	Octidi	17		Mardi	s. Antoine	6		20
29	Nonidi	18		Merc.	Ch. s. Pi.	7		21
30	*Decadi*	19		Jeudi	s. Sulpice	8		22

STYLE DÉCAD.	PLUVIÔSE.	STYLE GRÉGOR.	JANVIER-FÉVRIER.		STYLE JULIEN.	Age de la lune.
1	Prim.	20 Janvier 1797.	Vend.	s. Sébast.	9 Janvier 1797.	23
2	Duodi	21	Sam.	ste Agnès	10	24
3	Tridi	22	3 *D.*	s. Vincent	11	25
4	Quart.	23	Lundi	s. Ildéf.	12	26
5	Quint.	24	Mardi	s. Babyl.	13	27
6	Sextidi	25	Merc.	C. s. Paul	14	28
7	Septidi	26	Jeudi	ste Paule	15	29
8	Octidi	27	Vend.	s. Julien	16	30
9	Nonidi	28	Sam.	s. Cyrille	17	1
10	*Decadi*	29	4 *D.*	s. F. de S.	18	2
11	Prim.	30	Lundi	s. Bathil.	19	3
12	Duodi	31	Mardi	s. Pi. N.	20	4
13	Tridi	1 Février.	Merc.	s. Ignace	21	5
14	Quart.	2	Jeudi	PURIFIC.	22	6
15	Quint.	3	Vend.	s. Blaise	23	7
16	Sextidi	4	Sam.	s. Philéas	24	8
17	Septidi	5	5 *D.*	ste Agathe	25	9
18	Octidi	6	Lundi	s. Vast	26	10
19	Nonidi	7	Mardi	s. Romu.	27	11
20	*Decadi*	8	Merc.	s. J. de M.	28	12
21	Prim.	9	Jeudi	ste Apoll.	29	13
22	Duodi	10	Vend.	ste Scolas.	30	14
23	Tridi	11	Sam.	s. Severin	31	15
24	Quart.	12	*Dim.*	*Septuag.*	1 Février.	16
25	Quint.	13	Lundi	ste Eulalie	2	17
26	Sextidi	14	Mardi	s. Lezin	3	18
27	Septidi	15	Merc.	s. Valen.	4	19
28	Octidi	16	Jeudi	s. Faustin	5	20
29	Nonidi	17	Vend.	s. Gabin	6	21
30	*Decadi*	18	Sam.	s. Siméon	7	22

STYLE DÉCAD.	VENTÔSE.	STYLE GRÉGOR.	FÉVRIER-MARS.		STYLE JULIEN.	Age de la lune.
1	Prim.	19 Février 1797.	*Dim.*	*Sexagés.*	8 Février 1797.	23
2	Duodi	20	Lundi	s. Flavien	9	24
3	Tridi	21	Mardi	s. Prétex.	10	25
4	Quart.	22	Merc.	s. Damien	11	26
5	Quint.	23	Jeudi	s. Didier	12	27
6	Sextidi	24	Vend.	s. Math.	13	28
7	Septidi	25	Sam.	s. Alexis	14	29
8	Octidi	26	*Dim.*	*Quinq.*	15	30
9	Nonidi	27	Lundi	s. Porph.	16	1
10	*Decadi*	28	Mardi	s. Rom.	17	2
11	Prim.	1 Mars.	Merc.	*Cendres*	18	3
12	Duodi	2	Jeudi	ste Cunég.	19	4
13	Tridi	3	Vend.	Les 5 Pl.	20	5
14	Qnart.	4	Sam.	s. Casim.	21	6
15	Quint.	5	1 *D.*	*Quadrag.*	22	7
16	Sextidi	6	Lundi	s. Godeg.	23	8
17	Septidi	7	Mardi	s. Perpét.	24	9
18	Octidi	8	Merc.	*Quatre-T.*	25	10
19	Nonidi	9	Jeudi	ste Franç.	26	11
20	*Decadi*	10	Vend.	s. Doct.	27	12
21	Prim.	11	Sam.	40 Mart.	28	13
22	Duodi	12	2 *D.*	*Reminisc.*	1 Mars.	14
23	Tridi	13	Lundi	s. Lubin	2	15
24	Quart.	14	Mardi	s. Tranq.	3	16
25	Quint.	15	Merc.	s. Zachar.	4	17
26	Sextidi	16	Jeudi	s. Abrah.	5	18
27	Septidi	17	Vend.	ste Gertr.	6	19
28	Octidi	18	Sam.	s. Alex.	7	20
29	Nonidi	19	3 *D.*	*Oculi*	8	21
30	*Decadi*	20	Lundi	s. Joach.	9	22

STYLE DÉCAD.	GERMINAL.	STYLE GRÉGOR.	MARS-AVRIL.		STYLE JULIEN.	Age de la lune.
1	Prim.	21 Mars 1797.	Mardi	s. Bénoît	10 Mars 1797.	23
2	Duodi	22	Merc.	s. Épaph.	11	24
3	Tridi	23	Jeudi	s. Victor	12	25
4	Quart.	24	Vend.	s. Simon	13	26
5	Quint.	25	Sam.	ANNONC.	14	27
6	Sextidi	26	4 *D.*	*Lœtare*	15	28
7	Septidi	27	Lundi	s. Rupert	16	29
8	Octidi	28	Mardi	s. Gontr.	17	1
9	Nonidi	29	Merc.	s. Cyrille	18	2
10	*Decadi*	30	Jeudi	s. Rieul, é.	19	3
11	Prim.	31	Vend.	s. Acace	20	4
12	Duodi	1 Avril.	Sam.	s. Hugues	21	5
13	Tridi	2	5 *D.*	*Passion*	22	6
14	Quart.	3	Lundi	s. Richard	23	7
15	Quint.	4	Mardi	s. Vin. F.	24	8
16	Sextidi	5	Merc.	s. Hégés.	25	9
17	Septidi	6	Jeudi	s. Prud.	26	10
18	Octidi	7	Vend.	Compass.	27	11
19	Nonidi	8	Sam.	s^te^ Mar. é.	28	12
20	*Decadi*	9	6 *D.*	*Rameaux*	29	13
21	Prim.	10	Lundi	s. Léon	30	14
22	Duodi	11	Mardi	s. Jules	31	15
23	Tridi	12	Merc.	s. Perpét.	1 Avril.	16
24	Quart.	13	Jeudi	s. Herm.	2	17
25	Quint.	14	Vend.	*Vend. S.*	3	18
26	Sextidi	15	Sam.	s. Paterne	4	19
27	Septidi	16	*Dim.*	PASQUE	5	20
28	Octidi	17	Lundi	s. Anicet	6	21
29	Nonidi	18	Mardi	s. Parfait	7	22
30	*Decadi*	19	Merc.	s. Elpheg.	8	23

STYLE DÉCAD.	FLORÉAL.	STYLE GRÉGOR.	AVRIL-MAI.		STYLE JULIEN.	Age de la lune.
1	Prim.	20 Avril 1797.	Jeudi	s. Hildeg.	9 Avril 1797.	24
2	Duodi	21	Vend.	s. Ansel.	10	25
3	Tridi	22	Sam.	ste Oport.	11	26
4	Quart.	23	1 *D.*	*Quasim.*	12	27
5	Quint.	24	Lundi	ste Beuve	13	28
6	Sextidi	25	Mardi	s. Marc	14	29
7	Septidi	26	Merc.	s. Clet	15	30
8	Octidi	27	Jeudi	s. Polyc.	16	1
9	Nonidi	28	Vend.	s. Vital	17	2
10	*Decadi*	29	Sam.	s. Robert	18	3
11	Prim.	30	2 *D.*	s. Eutrop.	19	4
12	Duodi	1 Mai.	Lundi	s. J. S. Ph.	20	5
13	Tridi	2	Mardi	s. Athan.	21	6
14	Quart.	3	Merc.	Inv. ste C.	22	7
15	Quint.	4	Jeudi	ste Moniq.	23	8
16	Sextidi	5	Vend.	C. S. A.	24	9
17	Septidi	6	Sam.	s. J. P. L.	25	10
18	Octidi	7	3 *D.*	s. Stanisl.	26	11
19	Nonidi	8	Lundi	s. Désiré	27	12
20	*Decadi*	9	Mardi	s. G. de N.	28	13
21	Prim.	10	Merc.	s. Gord.	29	14
22	Duodi	11	Jeudi	s. Mam.	30	15
23	Tridi	12	Vend.	s. Nérée	1 Mai.	16
24	Quart.	13	Sam.	ste Onési.	2	17
25	Quint.	14	4 *D.*	s. Servais	3	18
26	Sextidi	15	Lundi	s. Isidore	4	19
27	Septidi	16	Mardi	s. Honoré	5	20
28	Octidi	17	Merc.	s. Pascal	6	21
29	Nonidi	18	Jeudi	s. Éric	7	22
30	*Decadi*	19	Vend.	ste Célest.	8	23

STYLE DÉCAD.	PRAIRIAL.	STYLE GRÉGOR.	MAI-JUIN.		STYLE JULIEN.	Age de la lune.
1	Prim.	20 Mai 1797.	Sam.	s. Bernar.	9 Mai 1797.	24
2	Duodi	21	5 *D.*	s. Hospic.	10	25
3	Tridi *	22	Lundi	*Rogations*	11	26
4	Quart.	23	Mardi	s. Didier	12	27
5	Quint.	24	Merc.	s. Donat.	13	28
6	Sextidi	25	Jeudi	ASCENS.	14	29
7	Septidi	26	Vend.	s. Urbain	15	1
8	Octidi	27	Sam.	s. Jean, p.	16	2
9	Nonidi	28	6 *D.*	s. Germ.	17	3
10	*Decadi*	29	Lundi	s. Maxim.	18	4
11	Prim.	30	Mardi	s. Félix	19	5
12	Duodi	31	Merc.	ste Pétro.	20	6
13	Tridi	1 Juin.	Jeudi	s. Pamp.	21	7
14	Quart.	2	Vend.	s. Pothin	22	8
15	Quint.	3	Sam.	*Vigiles-J.*	23	9
16	Sextidi	4	*Dim.*	PENTEC.	24	10
17	Septidi	5	Lundi	s. Bonifa.	25	11
18	Octidi	6	Mardi	s. Norb.	26	12
19	Nonidi	7	Merc.	*Quatre-T.*	27	13
20	*Decadi*	8	Jeudi	s. Médard	28	14
21	Prim.	9	Vend.	s. Basilid.	29	15
22	Duodi	10	Sam.	s. Landry	30	16
23	Tridi	11	1 *D.*	*Trinité*	31	17
24	Quart.	12	Lundi	s. Justin	1 Juin.	18
25	Quint.	13	Mardi	s. Ant. P.	2	19
26	Sextidi	14	Merc.	s. Ruffin	3	20
27	Septidi	15	Jeudi	FÊTE-D.	4	21
28	Octidi	16	Vend.	s. Cyr	5	22
29	Nonidi	17	Sam.	s. Avit	6	23
30	*Decadi*	18	2 *D.*	ste Marine	7	24

STYLE DÉCAD.	MESSIDOR.	STYLE GRÉGOR.		JUIN-JUILLET.		STYLE JULIEN.		Age de la lune.
1	Prim.	19	Juin 1797.	Lundi	s. Gervais	8	Juin 1797.	25
2	Duodi	20		Mardi	s. Sylvère	9		26
3	Tridi	21		Merc.	s. Leufroi	10		27
4	Quart.	22		Jeudi	s. Paulin.	11		28
5	Quint.	23		Vend.	*Vigil.-J.*	12		29
6	Sextidi	24		Sam.	N. s. J.-B.	13		1
7	Septidi	25		3 *D.*	s. Prosper	14		2
8	Octidi	26		Lundi	s. Babol.	15		3
9	Nonidi	27		Mardi	s. Ladisl.	16		4
10	*Decadi*	28		Merc.	*Vigil.-J.*	17		5
11	Prim.	29		Jeudi	s. Pi. s. P.	18		6
12	Duodi	30		Vend.	Com. s. P.	19		7
13	Tridi	1	Juillet.	Sam.	s. Martial	20		8
14	Quart.	2		4 *D.*	Vis. N. D.	21		9
15	Quint.	3		Lundi	s. Anato.	22		10
16	Sextidi	4		Mardi	Tr. s. Ma.	23		11
17	Septidi	5		Merc.	ste Zoé	24		12
18	Octidi	6		Jeudi	s. Tranq.	25		13
19	Nonidi	7		Vend.	ste Aubie.	26		14
20	*Decadi*	8		Sam.	ste Élisab.	27		15
21	Prim.	9		5 *D.*	s. Cyrille	28		16
22	Duodi	10		Lundi	ste Félicité	29		17
23	Tridi	11		Mardi	Tr. s. B.	30		18
24	Quart.	12		Merc.	s. Gualb.	1	Juillet.	19
25	Quint.	13		Jeudi	s. Turiaf	2		20
26	Sextidi	14		Vend.	s. Bonav.	3		21
27	Septidi	15		Sam.	s. Henri	4		22
28	Octidi	16		6 *D.*	s. Eustate	5		23
29	Nonidi	17		Lundi	s. Sperat	6		24
30	*Decadi*	18		Mardi	s. Clair, é.	7		25

STYLE DÉCAD.	THERMIDOR.	STYLE GRÉGOR.	JUILLET-AOUT.		STYLE JULIEN.	Age de la lune.
1	Prim.	19 Juillet 1797.	Merc.	s. Vincent	8 Juillet 1797.	26
2	Duodi	20	Jeudi	ste Marg.	9	27
3	Tridi	21	Vend.	s. Victor	10	28
4	Quart.	22	Sam.	ste Magd.	11	29
5	Quint.	23	7 *D.*	s. Apoll.	12	30
6	Sextidi	24	Lundi	ste Christ.	13	1
7	Septidi	25	Mardi	s. Jacq. m.	14	2
8	Octidi	26	Merc.	s. Christ.	15	3
9	Nonidi	27	Jeudi	s. George	16	4
10	*Decadi*	28	Vend.	ste Anne	17	5
11	Prim.	29	Sam.	s. Loup	18	6
12	Duodi	30	8 *D.*	s. Abdon	19	7
13	Tridi	31	Lundi	s. Germ.	20	8
14	Quart.	1 Août.	Mardi	s. Pi. ès-l.	21	9
15	Quint.	2	Merc.	s. Étienne	22	10
16	Sextidi	3	Jeudi	Inv. s. Ét.	23	11
17	Septidi	4	Vend.	Sus. ste Cr.	24	12
18	Octidi	5	Sam.	s. Domin.	25	13
19	Nonidi	6	9 *D.*	Tr. N. S.	26	14
20	*Decadi*	7	Lundi	s. Gaëtan	27	15
21	Prim.	8	Mardi	s. Justin	28	16
22	Duodi	9	Merc.	s. Romain	29	17
23	Tridi	10	Jeudi	s. Laur.	30	18
24	Quart.	11	Vend.	S. ste Cou.	31	19
25	Quint.	12	Sam.	ste Claire	1 Août.	20
26	Sextidi	13	10 *D.*	s. Hippol.	2	21
27	Septidi	14	Lundi	*Vigiles-J.*	3	22
28	Octidi	15	Mardi	ASSOMP.	4	23
29	Nonidi	16	Merc.	s. Roch	5	24
30	*Decadi*	17	Jeudi	s. Mam.	6	25

STYLE DÉCAD.	FRUCTIDOR.	STYLE GRÉGOR.	AOUT-SEPTEMBRE.		STYLE JULIEN.	Age de la lune.
1	Prim.	18 Août 1797.	Vend.	s[te] Hélène	7 Août 1797.	26
2	Duodi	19	Sam.	s. Louis, é.	8	27
3	Tridi	20	11 *D.*	s. Bernard	9	28
4	Quart.	21	Lundi	s. Privat	10	29
5	Quint.	22	Mardi	s. Symph.	11	1
6	Sextidi	23	Merc.	s. Sidoine	12	2
7	Septidi	24	Jeudi	s. Barthél.	13	3
8	Octidi	25	Vend.	s. Louis	14	4
9	Nonidi	26	Sam.	s. Zéphir	15	5
10	*Decadi*	27	12 *D.*	s. Césaire	16	6
11	Prim.	28	Lundi	s. August.	17	7
12	Duodi	29	Mardi	D. s. J.-B.	18	8
13	Tridi	30	Merc.	s. Fiacre	19	9
14	Quart.	31	Jeudi	s. Médéric	20	10
15	Quint.	1 Septembre.	Vend.	s. L. s. G.	21	11
16	Sextidi	2	Sam.	s. Lazare	22	12
17	Septidi	3	13 *D.*	s. Grégoi.	23	13
18	Octidi	4	Lundi	s[te] Rosalie	24	14
19	Nonidi	5	Mardi	s. Bertin	25	15
20	*Decadi*	6	Merc.	s. Onésip.	26	16
21	Prim.	7	Jeudi	s. Cloud	27	17
22	Duodi	8	Vend.	NAT. N. D.	28	18
23	Tridi	9	Sam.	s. Omer	29	19
24	Quart.	10	14 *D.*	s. Nic. T.	30	20
25	Quint.	11	Lundi	s. Patient	31	21
26	Sextidi	12	Mardi	s. Serdot	1 Septembre.	22
27	Septidi	13	Merc.	s. Mauril.	2	23
28	Octidi	14	Jeudi	Ex. s[te] Cr.	3	24
29	Nonidi	15	Vend.	s. Nicom.	4	25
30	*Decadi*	16	Sam.	s. Cypr.	5	26

STYLE DÉCAD.	JOURS COMPL.	STYLE GRÉGOR. Septemb. 1797.	SEPTEMBRE.		STYLE JULIEN. Septemb. 1797.	Age de la lune.
1		17	15 *D.*	s. Lamb.	6	27
2		18	Lundi	s. J. Chr.	7	28
3		19	Mardi	s. Janvier	8	29
4		20	Merc.	*Quatre-T.*	9	1
5		21	Jeudi	s. Math.	10	2

AN VI.

ARTICLES PRINCIPAUX DU CALENDRIER.

Année de la Période julienne........ 6511

Depuis la première Olympiade d'Iphitus jusqu'en juillet.... 2572

De la fondation de Rome, selon Varron (Mars)............ 2551

De l'époque de Nabonassar, depuis février............... 2545

De l'Hégire ou époque des Turcs (Julienne)............... 1176

L'année 1213 des Turcs commencera le 27 prairial an 6 (15 juin 1798).

Comput ecclésiastique pour 1798.

Nombre d'or........................ 13
Épacte............................. XII
Cycle solaire...................... 15
Indiction romaine.................. I
Lettre dominicale.................. G

STYLE DÉCAD.	VENDÉMIAIRE.	STYLE GRÉGOR.	SEPTEMB.-OCTOB.		STYLE JULIEN.	Age de la lune.
1	Prim.	22 Septembre 1797.	Vend.	s. Maurice	11 Septembre 1797.	3
2	Duodi	23	Sam.	ste Thècle	12	4
3	Tridi	24	16 *D.*	s. Andoche	13	5
4	Quart.	25	Lundi	s. Firmin	14	6
5	Quint.	26	Mardi	ste Justine	15	7
6	Sextidi	27	Merc.	s. C. s. D.	16	8
7	Septidi	28	Jeudi	s. Céran	17	9
8	Octidi	29	Vend.	s. Michel	18	10
9	Nonidi	30	Sam.	s. Jérôme	19	11
10	*Decadi*	1 Octobre.	17 *D.*	s. Remi	20	12
11	Prim.	2	Lundi	ss. Anges	21	13
12	Duodi	3	Mardi	s. Den. A.	22	14
13	Tridi	4	Merc.	s. Franç.	23	15
14	Quart.	5	Jeudi	ste Aure	24	16
15	Quint.	6	Vend.	s. Bruno	25	17
16	Sextidi	7	Sam.	s. Serge	26	18
17	Septidi	8	18 *D.*	s. Dem.	27	19
18	Octidi	9	Lundi	s. Denis	28	20
19	Nonidi	10	Mardi	s. Géréon	29	21
20	*Decadi*	11	Merc.	s. Nicaise	30	22
21	Prim.	12	Jeudi	s. Wilfr.	1 Octobre.	23
22	Duodi.	13	Vend.	s. Géraud	2	24
23	Tridi	14	Sam.	s. Caliste	3	25
24	Quart.	15	19 *D.*	ste Thérès.	4	26
25	Quint.	16	Lundi	s. Gal, ab.	5	27
26	Sextidi	17	Mardi	s. Cerb.	6	28
27	Septidi	18	Merc.	s. Luc, év.	7	29
28	Octidi	19	Jeudi	s. Savinien	8	1
29	Nonidi	20	Vend.	s. Sendou	9	2
30	*Decadi*	21	Sam.	ste Ursule	10	3

STYLE DÉCAD.	BRUMAIRE.	STYLE GRÉGOR.	OCTOBRE-NOVEMB.		STYLE JULIEN.	Age de la lune.
1	Prim.	22 Octobre 1797.	20 *D.*	s. Mellon	11 Octobre 1797.	4
2	Duodi	23	Lundi	s. Hilar.	12	5
3	Tridi	24	Mardi	s. Maglo.	13	6
4	Quart.	25	Merc.	s. C. s. C.	14	7
5	Quint.	26	Jeudi	s. Rustiq.	15	8
6	Sextidi	27	Vend.	s. Frum.	16	9
7	Septidi	28	Sam.	s. S. s. J.	17	10
8	Octidi	29	21 *D.*	s. Faron	18	11
9	Nonidi	30	Lundi	s. Lucain	19	12
10	*Decadi*	31	Mardi	*Vigil.-J.*	20	13
11	Prim.	1 Novembre.	Merc.	TOUSS.	21	14
12	Duodi	2	Jeudi	s. Marcel	22	15
13	Tridi	3	Vend.	MORTS	23	16
14	Quart.	4	Sam.	s. Charles	24	17
15	Quint.	5	22 *D.*	ste Bertile	25	18
16	Sextidi	6	Lundi	s. Léonard	26	19
17	Septidi	7	Mardi	s. Willeb.	27	20
18	Octidi	8	Merc.	stes Reliq.	28	21
19	Nonidi	9	Jeudi	s. Mathur.	29	22
20	*Decadi*	10	Vend.	s. Léon	30	23
21	Prim.	11	Sam.	s. Martin	31	24
22	Duodi	12	23 *D.*	s. René	1 Novembre.	25
23	Tridi	13	Lundi	s. Gend.	2	26
24	Quart.	14	Mardi	s. Mart. p.	3	27
25	Quint.	15	Merc.	s. Eugène	4	28
26	Sextidi	16	Jeudi	s. Eucher	5	29
27	Septidi	17	Vend.	s. Agnan	6	30
28	Octidi	18	Sam.	ste Aude	7	1
29	Nonidi	19	24 *D.*	ste Élisab.	8	2
30	*Decadi*	20	Lundi	s. Edmo.	9	3

STYLE DÉCAD.	FRIMAIRE.	STYLE GRÉGOR.	NOVEMBRE-DÉC.		STYLE JULIEN.	Age de la lune.
1	Prim.	21 Novembre 1797.	Mardi	Pr. N. D.	10 Novembre 1797.	4
2	Duodi	22	Merc.	ste Cécile	11	5
3	Tridi	23	Jeudi	s. Clément	12	6
4	Quart.	24	Vend.	s. Severin	13	7
5	Quint.	25	Sam.	ste Cather.	14	8
6	Sextidi	26	25 *D.*	ste Genev.	15	9
7	Septidi	27	Lundi	s. Vital.	16	10
8	Octidi	28	Mardi	s. Sosthè.	17	11
9	Nonidi	29	Merc.	s. Saturn.	18	12
10	*Decadi*	30	Jeudi	s. André	19	13
11	Prim.	1 Décembre.	Vend.	s. Éloi	20	14
12	Duodi	2	Sam.	s. Mirocl.	21	15
13	Tridi	3	1 *D.*	*Avent*	22	16
14	Quart.	4	Lundi	ste Barbe	23	17
15	Quint.	5	Mardi	s. Sabas	24	18
16	Sextidi	6	Merc.	s. Nicolas	25	19
17	Septidi	7	Jeudi	ste Fare	26	20
18	Octidi	8	Vend.	CONCEP.	27	21
19	Nonidi	9	Sam.	ste Gorgo.	28	22
20	*Decadi*	10	2 *D.*	ste Valère	29	23
21	Prim.	11	Lundi	s. Fuscien	30	24
22	Duodi	12	Mardi	s. Damas	1 Décembre.	25
23	Tridi	13	Merc.	ste Luce	2	26
24	Quart.	14	Jeudi	s. Nicaise	3	27
25	Quint.	15	Vend.	s. Memin	4	28
26	Sextidi	16	Sam.	ste Adél.	5	29
27	Septidi	17	3 *D.*	ste Olym.	6	1
28	Octidi	18	Lundi	s. Gatien	7	2
29	Nonidi	19	Mardi	ste Meuris	8	3
30	*Decadi*	20	Merc.	*Quatre-T.*	9	4

STYLE DÉCAD.	NIVÔSE.	STYLE GRÉGOR.	DÉCEMBRE-JANV.		STYLE JULIEN.	Age de la lune.
1	Prim.	21 Décembre 1797.	Jeudi	s. Thomas	10 Décembre 1797.	5
2	Duodi	22	Vend.	s. Ischyr.	11	6
3	Tridi	23	Sam.	*Vigil.-J.*	12	7
4	Quart.	24	*4 D.*	s. Yves	13	8
5	Quint.	25	Lundi	NOEL	14	9
6	Sextidi	26	Mardi	s. Étienne	15	10
7	Septidi	27	Merc.	s. Jean, é.	16	11
8	Octidi	28	Jeudi	ss. Innoc.	17	12
9	Nonidi	29	Vend.	s. Th. C.	18	13
10	*Decadi*	30	Sam.	ste Colom.	19	14
11	Prim.	31	*Dim.*	s. Sylvest.	20	15
12	Duodi	1 Janvier 1798.	Lundi	CIRCONC.	21	16
13	Tridi	2	Mardi	s. Basile	22	17
14	Quart.	3	Merc.	ste Genev.	23	18
15	Quint.	4	Jeudi	s. Rigob.	24	19
16	Sextidi	5	Vend.	s. Siméon	25	20
17	Septidi	6	Sam.	ÉPIPHAN.	26	21
18	Octidi	7	*1 D.*	s. Théau	27	22
19	Nonidi	8	Lundi	s. Lucien	28	23
20	*Decadi*	9	Mardi	s. Pierre	29	24
21	Prim.	10	Merc.	s. Paul	30	25
22	Duodi	11	Jeudi	s. Hygin	31	26
23	Tridi	12	Vend.	s. Arcade	1 Janvier 1798.	27
24	Quart.	13	Sam.	B. N. S.	2	28
25	Quint.	14	*2 D.*	s. Hilaire	3	29
26	Sextidi	15	Lundi	s. Maur	4	30
27	Septidi	16	Mardi	s. Guilla.	5	1
28	Octidi	17	Merc.	s. Antoine	6	2
29	Nonidi	18	Jeudi	Ch. s. P.	7	3
30	*Decadi*	19	Vend.	s. Sulpice	8	4

STYLE DÉCAD.	PLUVIÔSE.	STYLE GRÉGOR.	JANVIER-FÉVRIER.		STYLE JULIEN.	Age de la lune.
1	Prim.	20 Janvier 1798.	Sam.	s. Sébast.	9 Janvier 1798.	5
2	Duodi	21	3 *D.*	ste Agnès	10	6
3	Tridi	22	Lundi	s. Vincent	11	7
4	Quart.	23	Mardi	s. Ildéf.	12	8
5	Quint.	24	Merc.	s. Babyl.	13	9
6	Sextidi	25	Jeudi	C. s. Paul	14	10
7	Septidi	26	Vend.	ste Paule	15	11
8	Octidi	27	Sam.	s. Julien	16	12
9	Nonidi	28	4 *D.*	s. Cyrille	17	13
10	*Decadi*	29	Lundi	s. F. de S.	18	14
11	Prim.	30	Mardi	ste Bathil.	19	15
12	Duodi	31	Merc.	s. Pi. N.	20	16
13	Tridi	1 Février.	Jeudi	s. Ignace	21	17
14	Quart.	2	Vend.	PURIFIC.	22	18
15	Quint.	3	Sam.	s. Blaise	23	19
16	Sextidi	4	*Dim.*	*Septuag.*	24	20
17	Septidi	5	Lundi	ste Agathe	25	21
18	Octidi	6	Mardi	s. Vast	26	22
19	Nonidi	7	Merc.	s. Romu.	27	23
20	*Decadi*	8	Jeudi	s. J. de M.	28	24
21	Prim.	9	Vend.	ste Apoll.	29	25
22	Duodi	10	Sam.	ste Scolas.	30	26
23	Tridi	11	*Dim.*	*Sexagés.*	31	27
24	Quart.	12	Lundi	s. Mélèce	1 Février.	28
25	Quint.	13	Mardi	ste Eulalie	2	29
26	Sextidi	14	Merc.	s. Lezin	3	30
27	Septidi	15	Jeudi	s. Valen.	4	1
28	Octidi	16	Vend.	s. Faustin	5	2
29	Nonidi	17	Sam.	s. Siméon	6	3
30	*Decadi*	18	*Dim.*	*Quinq.*	7	4

STYLE DÉCAD.	VENTÔSE.	STYLE GRÉGOR.	FÉVRIER-MARS.		STYLE JULIEN.	Age de la lune.
1	Prim.	20 Février 1798.	Lundi	s. Moyse	8 Février 1798.	5
2	Duodi	21	Mardi	s. Flavien	9	6
3	Tridi	22	Merc.	*Cendres*	10	7
4	Quart.	23	Jeudi	s. Damien	11	8
5	Quint.	24	Vend.	Les 5 Pl.	12	9
6	Sextidi	25	Sam.	s. Math.	13	10
7	Septidi	26	1 *D.*	*Quadr.*	14	11
8	Octidi	27	Lundi	s. Porph.	15	12
9	Nonidi	28	Mardi	s. Rom.	16	13
10	*Decadi*	29	Merc.	*Quatre-T.*	17	14
11	Prim.	1 Mars.	Jeudi	s. Aubin.	18	15
12	Duodi	2	Vend.	ste Cunég.	19	16
13	Tridi	3	Sam.	s. Casim.	20	17
14	Quart.	4	2 *D.*	*Reminisc.*	21	18
15	Quint.	5	Lundi	s. Draus.	22	19
16	Sextidi	6	Mardi	s. Godeg.	23	20
17	Septidi	7	Merc.	s. Perpét.	24	21
18	Octidi	8	Jeudi	s. J. de D.	25	22
19	Nonidi	9	Vend.	ste Franç.	26	23
20	*Decadi*	10	Sam.	s. Doctr.	27	24
21	Prim.	11	3 *D.*	*Oculi*	28	25
22	Duodi	12	Lundi	s. Pol, év.	1 Mars.	26
23	Tridi	13	Mardi	s. Lubin	2	27
24	Quart.	14	Merc.	s. Tranq.	3	28
25	Quint.	15	Jeudi	s. Abrah.	4	29
26	Sextidi	16	Vend.	ste Gertr.	5	30
27	Septidi	17	Sam.	s. Alex.	6	1
28	Octidi	18	4 *D.*	*Lœtare*	7	2
29	Nonidi	19	Lundi	s. Joseph	8	3
30	*Decadi*	20	Mardi	s. Joach.	9	4

STYLE DÉCAD.	GERMINAL.	STYLE GRÉGOR.	MARS-AVRIL.		STYLE JULIEN.	Age de la lune.
1	Prim.	21 Mars 1798.	Merc.	s. Benoît	10 Mars 1798.	5
2	Duodi	22	Jeudi	s. Epaph.	11	6
3	Tridi	23	Vend.	s. Victor	12	7
4	Quart.	24	Sam.	s. Simon	13	8
5	Quint.	25	5 *D.*	*Passion*	14	9
6	Sextidi	26	Lundi	s. Leudg.	15	10
7	Septidi	27	Mardi	s. Rupert	16	11
8	Octidi	28	Merc.	s. Gontr.	17	12
9	Nonidi	29	Jeudi	s. Cyrille	18	13
10	*Decadi*	30	Vend.	Compass.	19	14
11	Prim.	31	Sam.	s. Acace	20	15
12	Duodi	1 Avril.	6 *D.*	*Rameaux*	21	16
13	Tridi	2	Lundi	s. F. de P.	22	17
14	Quart.	3	Mardi	s. Richard	23	18
15	Quint.	4	Merc.	s. Ambr.	24	19
16	Sextidi	5	Jeudi	s. Vin. F.	25	20
17	Septidi	6	Vend.	*Vend. S.*	26	21
18	Octidi	7	Sam.	s. Hégés.	27	22
19	Nonidi	8	*Dim.*	PASQUE.	28	23
20	*Decadi*	9	Lundi	s. Macai.	29	24
21	Prim.	10	Mardi	s. Léon	30	25
22	Duodi	11	Merc.	s. Jules	31	26
23	Tridi	12	Jeudi	s. Perpét.	1 Avril.	27
24	Quart.	13	Vend.	s. Herm.	2	28
25	Quint.	14	Sam.	s. Tibur.	3	29
26	Sextidi	15	1 *D.*	*Quasim.*	4	30
27	Septidi	16	Lundi	s. Fruct.	5	1
28	Octidi	17	Mardi	s. Anicet	6	2
29	Nonidi	18	Merc.	s. Parfait	7	3
30	*Decadi*	19	Jeudi	s. Elpheg.	8	4

STYLE DÉCAD.	FLORÉAL.	STYLE GRÉGOR.	AVRIL-MAI.		STYLE JULIEN.	Age de la lune.
1	Prim.	20 Avril 1798.	Vend.	s. Hildeg.	9 Avril 1798.	5
2	Duodi	21	Sam.	s. Ansel.	10	6
3	Tridi	22	2 *D.*	ste Oport.	11	7
4	Quart.	23	Lundi	s. George	12	8
5	Quint.	24	Mardi	ste Beuve	13	9
6	Sextidi	25	Merc.	s. Marc	14	10
7	Septidi	26	Jeudi	s. Clet	15	11
8	Octidi	27	Vend.	s. Polyc.	16	12
9	Nonidi	28	Sam.	s. Vital	17	13
10	*Decadi*	29	3 *D.*	s. Robert	18	14
11	Prim.	30	Lundi	s. Eutrop.	19	15
12	Duodi	1 Mai.	Mardi	s. J. s. Ph.	20	16
13	Tridi	2	Merc.	s. Athan.	21	17
14	Quart.	3	Jeudi	Inv. ste C.	22	18
15	Quint.	4	Vend.	ste Moniq.	23	19
16	Sextidi	5	Sam.	C. s. A.	24	20
17	Septidi	6	4 *D.*	s. J. P. L.	25	21
18	Octidi	7	Lundi	s. Stanisl.	26	22
19	Nonidi	8	Mardi	s. Désiré	27	23
20	*Decadi*	9	Merc.	s. G. de N.	28	24
21	Prim.	10	Jeudi	s. Gord.	29	25
22	Duodi	11	Vend.	s. Mam.	30	26
23	Tridi	12	Sam.	s. Nérée	1 Mai.	27
24	Quart.	13	5 *D.*	ste Onési.	2	28
25	Quint.	14	Lundi	*Rogations*	3	29
26	Sextidi	15	Mardi	s. Isidore	4	30
27	Septidi	16	Merc.	s. Honoré	5	1
28	Octidi	17	Jeudi	ASCENS.	6	2
29	Nonidi	18	Vend.	s. Éric	7	3
30	*Decadi*	19	Sam.	ste Célest.	8	4

STYLE DÉCAD.	PRAIRIAL.	STYLE GRÉGOR.	MAI-JUIN.		STYLE JULIEN.	Age de la lune.
1	Prim.	20 Mai 1798.	6 *D.*	s. Bernar.	9 Mai 1798.	5
2	Duodi	21	Lundi	s. Hospic.	10	6
3	Tridi	22	Mard	ste Julie	11	7
4	Quart.	23	Merc.	s. Didier	12	8
5	Quint.	24	Jeudi	s. Donat.	13	9
6	Sextidi	25	Vend.	s. Urbain	14	10
7	Septidi	26	Sam.	*Vigil.-J.*	15	11
8	Octidi	27	*Dim.*	PENTEC.	16	12
9	Nonidi	28	Lundi	s. Germ.	17	13
10	*Decadi*	29	Mardi	s. Maxim	18	14
11	Prim.	30	Merc.	*Quatre-T.*	19	15
12	Duodi	31	Jeudi	ste Pétron.	20	16
13	Tridi	1 Juin.	Vend.	s. Pamp.	21	17
14	Quart.	2	Sam.	s. Pothin	22	18
15	Quint.	3	1 *D.*	*Trinité*	23	19
16	Sextidi	4	Lundi	s. Optat	24	20
17	Septidi	5	Mardi	s. Boniface	25	21
18	Octidi	6	Merc.	s. Norb.	26	22
19	Nonidi	7	Jeudi	FÊTE-D.	27	23
20	*Decadi*	8	Vend.	s. Médard	28	24
21	Prim.	9	Sam.	s. Basilid.	29	25
22	Duodi	10	2 *D.*	s. Landry	30	26
23	Tridi	11	Lundi	s. Barna.	31	27
24	Quart.	12	Mardi	s. Gordi.	1 Juin.	28
25	Quint.	13	Merc.	s. Ant. P.	2	29
26	Sextidi	14	Jeudi	*Oct. F. D.*	3	1
27	Septidi	15	Vend.	s. Guy	4	2
28	Octidi	16	Sam.	s. Cyr	5	3
29	Nonidi	17	3 *D.*	s. Avit	6	4
30	*Decadi*	18	Lundi	ste Marine	7	5

STYLE DÉCAD.	MESSIDOR.	STYLE GRÉGOR.	JUIN-JUILLET.		STYLE JULIEN.	Age de la lune.
1	Prim.	19 Juin 1798.	Mardi	s. Gervais	8 Juin 1798.	6
2	Duodi	20	Merc.	s. Sylvère	9	7
3	Tridi	21	Jeudi	s. Leufroi	10	8
4	Quart.	22	Vend.	s. Paulin	11	9
5	Quint.	23	Sam.	*Vigil.-J.*	12	10
6	Sextidi	24	4 *D.*	N. s. J.-B.	13	11
7	Septidi	25	Lundi	s. Prosper	14	12
8	Octidi	26	Mardi	s. Babol.	15	13
9	Nonidi	27	Merc.	s. Ladisl.	16	14
10	*Decadi*	28	Jeudi	*Vigil.-J.*	17	15
11	Prim.	29	Vend.	s. Pi. s. P.	18	16
12	Duodi	30	Sam.	Com. s. P.	19	17
13	Tridi	1 Juillet.	5 *D.*	s. Martial	20	18
14	Quart.	2	Lundi	Vis. N. D.	21	19
15	Quint.	3	Mardi	s. Anato.	22	20
16	Sextidi	4	Merc.	Tr. s. Ma.	23	21
17	Septidi	5	Jeudi	ste Zoé	24	22
18	Octidi	6	Vend.	s. Tranq.	25	23
19	Nonidi	7	Sam.	ste Aubie.	26	24
20	*Decadi*	8	6 *D.*	ste Élisab.	27	25
21	Prim.	9	Lundi	s. Cyrille	28	26
22	Duodi	10	Mardi	ste Félicité	29	27
23	Tridi	11	Merc.	Tr. s. B.	30	28
24	Quart.	12	Jeudi	s. Gualb.	1 Juillet.	29
25	Quint.	13	Vend.	s. Turiaf	2	1
26	Sextidi	14	Sam.	s. Bonav.	3	2
27	Septidi	15	7 *D.*	s. Henri	4	3
28	Octidi	16	Lundi	s. Eustate	5	4
29	Nonidi	17	Mardi	s. Sperat	6	5
30	*Decadi*	18	Merc.	s. Clair, é.	7	6

STYLE DÉCAD.	THERMIDOR.	STYLE GRÉGOR.	JUILLET-AOUT.		STYLE JULIEN.	Age de la lune.
1	Prim.	19 Juillet 1798.	Jeudi	s. Vincent	8 Juillet 1798.	7
2	Duodi	20	Vend.	s^te^ Marg.	9	8
3	Tridi	21	Sam.	s. Victor	10	9
4	Quart.	22	8 *D.*	s^te^ Magd.	11	10
5	Quint.	23	Lundi	s. Apoll.*	12	11
6	Sextidi	24	Mardi	s^te^ Christ.	13	12
7	Septidi	25	Merc.	s. Jacq. m.	14	13
8	Octidi	26	Jeudi	s. Christ.	15	14
9	Nonidi	27	Vend.	s. George	16	15
10	*Decadi*	28	Sam.	s^te^ Anne	17	16
11	Prim.	29	9 *D.*	s. Loup	18	17
12	Duodi	30	Lundi	s. Abdon	19	18
13	Tridi	31	Mardi	s. Germ.	20	19
14	Quart.	1 Août.	Merc.	s. Pi. ès-l.	21	20
15	Quint.	2	Jeudi	s. Étienne	22	21
16	Sextidi	3	Vend.	Inv. s. Ét.	23	22
17	Septidi	4	Sam.	Sus. s^te^ Cr.	24	23
18	Octidi	5	10 *D.*	s. Domin.	25	24
19	Nonidi	6	Lundi	Tr. N. S.	26	25
20	*Decadi*	7	Mardi	s. Gaëtan	27	26
21	Prim.	8	Merc.	s. Justin	28	27
22	Duodi	9	Jeudi	s. Romain	29	28
23	Tridi	10	Vend.	s. Laur.	30	29
24	Quart.	11	Sam.	S. s^te^ Cou.	31	30
25	Quint.	12	11 *D.*	s^te^ Claire	1 Août.	1
26	Sextidi	13	Lundi	s. Hippol.	2	2
27	Septidi	14	Mardi	*Vigil.-J.*	3	3
28	Octidi	15	Merc.	ASSOMP.	4	4
29	Nonidi	16	Jeudi	s. Roch	5	5
30	*Decadi*	17	Vend.	s. Mam.	6	6

STYLE DÉCAD.	FRUCTIDOR.	STYLE GRÉGOR.	AOUT-SEPTEMBRE.		STYLE JULIEN.	Age de la lune.
1	Prim.	18 Août 1798.	Sam.	ste Hélène	7 Août 1798.	7
2	Duodi	19	12 *D.*	s. Louis, é.	8	8
3	Tridi	20	Lundi	s. Bernard	9	9
4	Quart.	21	Mardi	s. Privat	10	10
5	Quint.	22	Merc.	s. Symph.	11	11
6	Sextidi	23	Jeudi	s. Sidoine	12	12
7	Septidi	24	Vend.	s. Barthél.	13	13
8	Octidi	25	Sam.	s. Louis	14	14
9	Nonidi	26	13 *D.*	s. Zéphir.	15	15
10	*Decadi*	27	Lundi	s. Césaire	16	16
11	Prim.	28	Mardi	s. August.	17	17
12	Duodi	29	Merc.	D. s. J. B.	18	18
13	Tridi	30	Jeudi	s. Fiacre	19	19
14	Quart.	31	Vend.	s. Médéric	20	20
15	Quint.	1 Septembre.	Sam.	s. L. s. G.	21	21
16	Sextidi	2	14 *D.*	s. Lazare	22	22
17	Septidi	3	Lundi	s. Grégoi.	23	23
18	Octidi	4	Mardi	ste Rosalie	24	24
19	Nonidi	5	Merc.	s. Bertin	25	25
20	*Decadi*	6	Jeudi	s. Onésip.	26	26
21	Prim.	7	Vend.	s. Cloud.	27	27
22	Duodi	8	Sam.	NAT. N. D.	28	28
23	Tridi	9	15 *D.*	s. Omer	29	29
24	Quart.	10	Lundi	s. Nic. T.	30	1
25	Quint.	11	Mardi	s. Patient	31	2
26	Sextidi	12	Merc.	s. Serdot	1 Septembre.	3
27	Septidi	13	Jeudi	s. Mauril.	2	4
28	Octidi	14	Vend.	Ex. ste Cr.	3	5
29	Nonidi	15	Sam.	s. Nicom.	4	6
30	*Decadi*	16	16 *D.*	s. Cypr.	5	7

STYLE DÉCAD.	JOURS COMPL.	STYLE GRÉGOR.		SEPTEMBRE.		STYLE JULIEN.		Age de la lune.
1		17	Septemb. 1798.	Lundi	s. Lamb.	6	Septemb. 1798.	8
2		18		Mardi	s. Janvier	7		9
3		19		Merc.	*Quatre-T.*	8		10
4		20		Jeudi	s. Eustac.	9		11
5		21		Vend.	s. Math.	10		12

AN VII.

ARTICLES PRINCIPAUX DU CALENDRIER.

ANNÉE de la Période julienne........ 6512
Depuis la première Olympiade d'Iphitus jusqu'en juillet.... 2573
De la fondation de Rome, selon Varron (Mars)........... 2552
De l'époque de Nabonassar, depuis février............... 2546
De l'Hégire ou époque des Turcs (Julienne)................ 1177

L'année 1214 des Turcs commencera le 16 prairial an 7 (4 juin 1799).

Comput ecclésiastique pour 1799.

Nombre d'or........................ 14
Épacte............................ XXIII
Cycle solaire...................... 16
Indiction romaine.................. 2
Lettre dominicale.................. F

STYLE DÉCAD.	VENDÉMIAIRE.	STYLE GRÉGOR.	SEPTEMB.—OCTOB.		STYLE JULIEN.	Age de la lune.
1	Prim.	22 Septembre 1798.	Sam.	s. Maurice	11 Septembre 1798.	13
2	Duodi	23	17 *D.*	ste Thècle	12	14
3	Tridi	24	Lundi	s. And.	13	15
4	Quart.	25	Mardi	s. Firmin	14	16
5	Quint.	26	Merc.	ste Justine	15	17
6	Sextidi	27	Jeudi	s. C. s. D.	16	18
7	Septidi	28	Vend.	s. Céran	17	19
8	Octidi	29	Sam.	s. Michel	18	20
9	Nonidi	30	18 *D.*	s. Jérôme	19	21
10	*Decadi*	1 Octobre.	Lundi	s. Remi	20	22
11	Prim.	2	Mardi	ss. Anges	21	23
12	Duodi	3	Merc.	s. Den. A.	22	24
13	Tridi	4	Jeudi	s. Franç.	23	25
14	Quart.	5	Vend.	ste Aure	24	26
15	Quint.	6	Sam.	s. Bruno	25	27
16	Sextidi	7	19 *D.*	s. Serge	26	28
17	Septidi	8	Lundi	s. Dem.	27	29
18	Octidi	9	Mardi	s. DENIS	28	30
19	Nonidi	10	Merc.	s. Géréon	29	1
20	*Decadi*	11	Jeudi	s. Nicaise	30	2
21	Prim.	12	Vend.	s. Wilfr.	1 Octobre.	3
22	Duodi	13	Sam.	s. Géraud	2	4
23	Tridi	14	20 *D.*	s. Caliste	3	5
24	Quart.	15	Lundi	ste Thérès.	4	6
25	Quint.	16	Mardi	s. Gal, ab.	5	7
26	Sextidi	17	Merc.	s. Cerb.	6	8
27	Septidi	18	Jeudi	s. Luc, é.	7	9
28	Octidi	19	Vend.	s. Savini.	8	10
29	Nonidi	20	Sam.	s. Sendou	9	11
30	*Decadi*	21	21 *D.*	ste Ursule	10	12

STYLE DÉCAD.	BRUMAIRE.	STYLE GRÉGOR.	OCTOBRE-NOVEMB.		STYLE JULIEN.	Age de la lune.
1	Prim.	22 Octobre 1798.	Lundi	s. Mellon	11 Octobre 1798.	13
2	Duodi	23	Mardi	s. Hilar.	12	14
3	Tridi	24	Merc.	s. Maglo.	13	15
4	Quart.	25	Jeudi	s. C. s. C.	14	16
5	Quint.	26	Vend.	s. Rustiq.	15	17
6	Sextidi	27	Sam.	s. Frum.	16	18
7	Septidi	28	22 *D.*	s. S. s. J.	17	19
8	Octidi	29	Lundi	s. Faron	18	20
9	Nonidi	30	Mardi	s. Lucain	19	21
10	*Decadi*	31	Merc.	*Vigil.-J.*	20	22
11	Prim.	1 Novembre.	Jeudi	TOUSS.	21	23
12	Duodi	2	Vend.	MORTS.	22	24
13	Tridi	3	Sam.	s. Marcel	23	25
14	Quart.	4	23 *D.*	s. Charles	24	26
15	Quint.	5	Lundi	ste. Bertile	25	27
16	Sextidi	6	Mardi	s. Léonard	26	28
17	Septidi	7	Merc.	s. Willeb.	27	29
18	Octidi	8	Jeudi	stes Reliq.	28	1
19	Nonidi	9	Vend.	s. Mathu.	29	2
20	*Decadi*	10	Sam.	s. Léon	30	3
21	Prim.	11	24 *D.*	s. Martin	31	4
22	Duodi	12	Lundi	s. René	1 Novembre.	5
23	Tridi	13	Mardi	s. Gend.	2	6
24	Quart.	14	Merc.	s. Mart. p.	3	7
25	Quint.	15	Jeudi	s. Eugène	4	8
26	Sextidi	16	Vend.	s. Eucher	5	9
27	Septidi	17	Sam.	s. Agnan	6	10
28	Octidi	18	25 *D.*	ste Aude	7	11
29	Nonidi	19	Lundi	ste Élisab.	8	12
30	*Decadi*	20	Mardi	s. Edmo.	9	13

STYLE DÉCAD.	FRIMAIRE.	STYLE GRÉGOR.		NOVEMBRE-DÉC.		STYLE JULIEN.		Age de la lune.
1	Prim.	21	Novembre 1798.	Merc.	Pr. N. D.	10	Novembre 1798.	14
2	Duodi	22		Jeudi	ste Cécile	11		15
3	Tridi	23		Vend.	s. Clément	12		16
4	Quart.	24		Sam.	s. Severin	13		17
5	Quint.	25		26 *D.*	ste Cather.	14		18
6	Sextidi	26		Lundi	ste Genev.	15		19
7	Septidi	27		Mardi	s. Vital	16		20
8	Octidi	28		Merc.	s. Sosthè.	17		21
9	Nonidi	29		Jeudi	s. Saturn.	18		22
10	*Decadi*	30		Vend.	s. André	19		23
11	Prim.	1	Décembre.	Sam.	s. Éloi	20		24
12	Duodi	2		1 *D.*	*Avent*	21		25
13	Tridi	3		Lundi	s. Mirocl.	22		26
14	Quart.	4		Mardi	ste Barbe	23		27
15	Quint.	5		Merc.	s. Sabas	24		28
16	Sextidi	6		Jeudi	s. Nicolas	25		29
17	Septidi	7		Vend.	ste Fare	26		30
18	Octidi	8		Sam.	CONCEP.	27		1
19	Nonidi	9		2 *D.*	ste Gorgo.	28		2
20	*Decadi*	10		Lundi	ste Valère	29		3
21	Prim.	11		Mardi	s. Fuscien	30		4
22	Duodi	12		Merc.	s. Damas.	1	Décembre.	5
23	Tridi	13		Jeudi	ste Luce	2		6
24	Quart.	14		Vend.	s. Nicaise	3		7
25	Quint.	15		Sam.	s. Memin	4		8
26	Sextidi	16		3 *D.*	ste Adél.	5		9
27	Septidi	17		Lundi	s. Olym.	6		10
28	Octidi	18		Mardi	s. Gatien	7		11
29	Nonidi	19		Merc.	*Quatre-T.*	8		12
30	*Decadi*	20		Jeudi	s. Philog.	9		13

STYLE DÉCAD.	NIVÔSE.	STYLE GRÉGOR.	DÉCEMBRE-JANV.		STYLE JULIEN.	Age de la lune.
1	Prim.	21 Décembre 1798.	Vend.	s. Thomas	10 Décembre 1798.	14
2	Duodi	22	Sam.	s. Ischyr.	11	15
3	Tridi	23	4 *D.*	s. Yves	12	16
4	Quart.	24	Lundi	*Vigiles-J.*	13	17
5	Quint.	25	Mardi	NOEL	14	18
6	Sextidi	26	Merc.	s. Étienne	15	19
7	Septidi	27	Jeudi	s. Jean, é.	16	20
8	Octidi	28	Vend.	ss. Innoc.	17	21
9	Nonidi	29	Sam.	s. Th. C.	18	22
10	*Decadi*	30	*Dim.*	ste Colom.	19	23
11	Prim.	31	Lundi	s. Sylvest.	20	24
12	Duodi	1 Janvier 1799.	Mardi	CIRCONC.	21	25
13	Tridi	2	Merc.	s. Basile	22	26
14	Quart.	3	Jeudi	ste Genev.	23	27
15	Quint.	4	Vend.	s. Rigob.	24	28
16	Sextidi	5	Sam.	s. Siméon	25	29
17	Septidi	6	1 *D.*	ÉPIPHAN.	26	1
18	Octidi	7	Lundi	s. Théau	27	2
19	Nonidi	8	Mardi	s. Lucien	28	3
20	*Decadi*	9	Merc.	s. Pierre	29	4
21	Prim.	10	Jeudi	s. Paul	30	5
22	Duodi	11	Vend.	s. Hygin	31	6
23	Tridi	12	Sam.	s. Arcade	1 Janvier 1799.	7
24	Quart.	13	2 *D.*	B. N. S.	2	8
25	Quint.	14	Lundi	s. Hilaire	3	9
26	Sextidi	15	Mardi	s. Maur	4	10
27	Septidi	16	Merc.	s. Guillau.	5	11
28	Octidi	17	Jeudi	s. Antoine	6	12
29	Nonidi	18	Vend.	Ch. s. Pi.	7	13
30	*Decadi*	19	Sam.	s. Sulpice	8	14

STYLE DÉCAD.	PLUVIÔSE.	STYLE GRÉGOR.	JANVIER-FÉVRIER.		STYLE JULIEN.	Age de la lune.
1	Prim.	20 Janvier 1799.	*Dim.*	*Septuag.*	9 Janvier 1799.	15
2	Duodi	21	Lundi	s^te^ Agnès	10	16
3	Tridi	22	Mardi	s. Vincent	11	17
4	Quart.	23	Merc.	s. Ildéf.	12	18
5	Quint.	24	Jeudi	s. Babyl.	13	19
6	Sextidi	25	Vend.	C. s. Paul	14	20
7	Septidi	26	Sam.	s^te^ Paule	15	21
8	Octidi	27	*Dim.*	*Sexagés.*	16	22
9	Nonidi	28	Lundi	s. Cyrille	17	23
10	*Decadi*	29	Mardi	s. F. de S.	18	24
11	Prim.	30	Merc.	s^te^ Bathil.	19	25
12	Duodi	31	Jeudi	s. Pi. N.	20	26
13	Tridi	1 Février.	Vend.	s. Ignace	21	27
14	Quart.	2	Sam.	PURIFIC.	22	28
15	Quint.	3	*Dim.*	*Quinq.*	23	29
16	Sextidi	4	Lundi	s. Philéas	24	30
17	Septidi	5	Mardi	s^te^ Agathe	25	1
18	Octidi	6	Merc.	*Cendres*	26	2
19	Nonidi	7	Jeudi	s. Romu.	27	3
20	*Decadi*	8	Vend.	Les 5 Pl.	28	4
21	Prim.	9	Sam.	s^te^ Apoll.	29	5
22	Duodi	10	1 *D.*	*Quadrag.*	30	6
23	Tridi	11	Lundi	s. Severin	31	7
24	Quart.	12	Mardi	s. Mélèce	1 Février.	8
25	Quint.	13	Merc.	*Quatre-T.*	2	9
26	Sextidi	14	Jeudi	s. Lezin	3	10
27	Septidi	15	Vend.	s. Valen.	4	11
28	Octidi	16	Sam.	s. Faustin	5	12
29	Nonidi	17	2 *D.*	*Reminisc.*	6	13
30	*Decadi*	18	Lundi	s. Siméon	7	14

STYLE DÉCAD.	VENTÔSE.	STYLE GRÉGOR. (Février 1799.)	FÉVRIER-MARS.		STYLE JULIEN. (Février 1799.)	Age de la lune.
1	Prim.	19	Mardi	s. Moyse	8	15
2	Duodi	20	Merc.	s. Didier	9	16
3	Tridi	21	Jeudi	s. Flavien	10	17
4	Quart.	22	Vend.	s. Prétex.	11	18
5	Quint.	23	Sam.	s. Damien	12	19
6	Sextidi	24	3 *D.*	*Oculi*	13	20
7	Septidi	25	Lundi	s. Alexis	14	21
8	Octidi	26	Mardi	ste Hono.	15	22
9	Nonidi	27	Merc.	s. Porph.	16	23
10	*Decadi*	28	Jeudi	s. Rom.	17	24
11	Prim.	1 Mars.	Vend.	s. Aubin	18	25
12	Duodi	2	Sam.	ste Cunég.	19	26
13	Tridi	3	4 *D.*	*Lætare*	20	27
14	Quart.	4	Lundi	s. Casim.	21	28
15	Quint.	5	Mardi	s. Draus.	22	29
16	Sextidi	6	Merc.	s. Godeg.	23	30
17	Septidi	7	Jeudi	s. Perpét.	24	1
18	Octidi	8	Vend.	s. J. de D.	25	2
19	Nonidi	9	Sam.	ste Franç.	26	3
20	*Decadi*	10	5 *D.*	*Passion*	27	4
21	Prim.	11	Lundi	40 Mart.	28	5
22	Duodi	12	Mardi	s. Pol, év.	1 Mars.	6
23	Tridi	13	Merc.	s. Lubin	2	7
24	Quart.	14	Jeudi	s. Tranq.	3	8
25	Quint.	15	Vend.	s. Zachar.	4	9
26	Sextidi	16	Sam.	s. Abrah.	5	10
27	Septidi	17	6 *D.*	*Rameaux*	6	11
28	Octidi	18	Lundi	s. Alex.	7	12
29	Nonidi	19	Mardi	s. Joseph	8	13
30	*Decadi*	20	Merc.	s. Joach.	9	14

STYLE DÉCAD.	GERMINAL.	STYLE GRÉGOR.	MARS-AVRIL.		STYLE JULIEN.	Age de la lune.
1	Prim.	21 Mars 1799.	Jeudi	s. Benoît	10 Mars 1799.	15
2	Duodi	22	Vend.	*Vend. S.*	11	16
3	Tridi	23	Sam.	s. Victor	12	17
4	Quart.	24	*Dim.*	PASQUE	13	18
5	Quint.	25	Lundi	s. Simon	14	19
6	Sextidi	26	Mardi	s. Leugd.	15	20
7	Septidi	27	Merc.	s. Rupert	16	21
8	Octidi	28	Jeudi	s. Gontr.	17	22
9	Nonidi	29	Vend.	s. Cyrille	18	23
10	*Decadi*	30	Sam.	s. Rieul, é.	19	24
11	Prim.	31	1 *D.*	*Quasim.*	20	25
12	Duodi	1 Avril.	Lundi	ANNONC.	21	26
13	Tridi	2	Mardi	s. F. de P.	22	27
14	Quart.	3	Merc.	s. Richard	23	28
15	Quint.	4	Jeudi	s. Ambr.	24	29
16	Sextidi	5	Vend.	s. Vin. F.	25	1
17	Septidi	6	Sam.	s. Prud.	26	2
18	Octidi	7	2 *D.*	s. Hégés.	27	3
19	Nonidi	8	Lundi	s^te^ Mar. é.	28	4
20	*Decadi*	9	Mardi	s. Macai.	29	5
21	Prim.	10	Merc.	s. Léon	30	6
22	Duodi	11	Jeudi	s. Jules	31	7
23	Tridi	12	Vend.	s. Perpét.	1 Avril.	8
24	Quart.	13	Sam.	s. Herm.	2	9
25	Quint.	14	3 *D.*	s. Tibur.	3	10
26	Sextidi	15	Lundi	s. Paterne	4	11
27	Septidi	16	Mardi	s. Fruct.	5	12
28	Octidi	17	Merc.	s. Anicet	6	13
29	Nonidi	18	Jeudi	s. Parfait	7	14
30	*Decadi*	19	Vend.	s. Elpheg.	8	15

STYLE DÉCAD.	FLORÉAL.	STYLE GRÉGOR.	AVRIL-MAI.		STYLE JULIEN.	Age de la lune.
1	Prim.	20 Avril 1799.	Sam.	s. Hildeg.	9 Avril 1799.	16
2	Duodi	21	4 *D.*	s. Anselm.	10	17
3	Tridi	22	Lundi	ste Oport.	11	18
4	Quart.	23	Mardi	s. George	12	19
5	Quint.	24	Merc.	ste Beuve	13	20
6	Sextidi	25	Jeudi	s. Marc	14	21
7	Septidi	26	Vend.	s. Clet	15	22
8	Octidi	27	Sam.	s. Polyc.	16	23
9	Nonidi	28	5 *D.*	s. Vital	17	24
10	*Decadi*	29	Lundi	*Rogations*	18	25
11	Prim.	30	Mardi	s. Eutrop.	19	26
12	Duodi	1 Mai.	Merc.	s. J. s. Ph.	20	27
13	Tridi	2	Jeudi	ASCENS.	21	28
14	Quart.	3	Vend.	Inv. ste C.	22	29
15	Quint.	4	Sam.	ste Moniq.	23	30
16	Sextidi	5	6 *D.*	C. s. A.	24	1
17	Septidi	6	Lundi	s. J. P. L.	25	2
18	Octidi	7	Mardi	s. Stanisl.	26	3
19	Nonidi	8	Merc.	s. Désiré	27	4
20	*Decadi*	9	Jeudi	s. G. de N.	28	5
21	Prim.	10	Vend.	s. Gord.	29	6
22	Duodi	11	Sam.	*Vigiles-J.*	30	7
23	Tridi	12	*Dim.*	PENTEC.	1 Mai.	8
24	Quart.	13	Lundi	ste Onési.	2	9
25	Quint.	14	Mardi	s. Servais	3	10
26	Sextidi	15	Merc.	*Quatre-T.*	4	11
27	Septidi	16	Jeudi	s. Honoré	5	12
28	Octidi	17	Vend.	s. Pascal	6	13
29	Nonidi	18	Sam.	s. Éric	7	14
30	*Decadi*	19	1 *D.*	*Trinité*	8	15

STYLE DÉCAD.	PRAIRIAL.	STYLE GRÉGOR.	MAI-JUIN.		STYLE JULIEN.	Age de la lune.
1	Prim.	20 Mai 1799.	Lundi	s. Bernar.	9 Mai 1799.	16
2	Duodi	21	Mardi	s. Hospic.	10	17
3	Tridi	22	Merc.	ste Julie	11	18
4	Quart.	23	Jeudi	FÊTE-D.	12	19
5	Quint.	24	Vend.	s. Donat.	13	20
6	Sextidi	25	Sam.	s. Urbain	14	21
7	Septidi	26	2 *D.*	s. Clet	15	22
8	Octidi	27	Lundi	s. Jean, p.	16	23
9	Nonidi	28	Mardi	s. Germ.	17	24
10	*Decadi*	29	Merc.	s. Maxim.	18	25
11	Prim.	30	Jeudi	*Oct. F. D.*	19	26
12	Duodi	31	Vend.	ste Pétro.	20	27
13	Tridi	1 Juin.	Sam.	s. Pamp.	21	28
14	Quart.	2	3 *D.*	s. Pothin	22	29
15	Quint.	3	Lundi	ste Clotil.	23	30
16	Sextidi	4	Mardi	s. Optat	24	1
17	Septidi	5	Merc.	s. Bonifa.	25	2
18	Octidi	6	Jeudi	s. Norb.	26	3
19	Nonidi	7	Vend.	s. Paul, ar.	27	4
20	*Decadi*	8	Sam.	s. Médard	28	5
21	Prim.	9	4 *D.*	s. Basilid.	29	6
22	Duodi	10	Lundi	s. Landry	30	7
23	Tridi	11	Mardi	s. Barna.	31	8
24	Quart.	12	Merc.	s. Justin	1 Juin.	9
25	Quint.	13	Jeudi	s. Ant. P.	2	10
26	Sextidi	14	Vend.	s. Ruffin	3	11
27	Septidi	15	Sam.	s. Guy	4	12
28	Octidi	16	5 *D.*	s. Cyr	5	13
29	Nonidi	17	Lundi	s. Avit	6	14
30	*Decadi*	18	Mardi	ste Marine	7	15

STYLE DÉCAD.	MESSIDOR.	STYLE GRÉGOR.	JUIN-JUILLET.		STYLE JULIEN.	Age de la lune.
1	Prim.	19 Juin 1799.	Merc.	s. Gervais	8 Juin 1799.	16
2	Duodi	20	Jeudi	s. Sylvère	9	17
3	Tridi	21	Vend.	s. Leufroi	10	18
4	Quart.	22	Sam.	*Vigiles-J.*	11	19
5	Quint.	23	6 *D.*	s. Paulin	12	20
6	Sextidi	24	Lundi	N. s. J.-B.	13	21
7	Septidi	25	Mardi	s. Prosp.	14	22
8	Octidi	26	Merc.	s. Babol.	15	23
9	Nonidi	27	Jeudi	s. Ladisl.	16	24
10	*Decadi*	28	Vend.	*Vigiles-J.*	17	25
11	Prim.	29	Sam.	s. Pi. s. P.	18	26
12	Duodi	30	7 *D.*	Com. s. P.	19	27
13	Tridi	1 Juillet.	Lundi	s. Martial	20	28
14	Quart.	2	Mardi	Vis. N. D.	21	29
15	Quint.	3	Merc.	s. Anato.	22	1
16	Sextidi	4	Jeudi	Tr. s. Ma.	23	2
17	Septidi	5	Vend.	ste Zoé	24	3
18	Octidi	6	Sam.	s. Tranq.	25	4
19	Nonidi	7	8 *D.*	ste Aubie.	26	5
20	*Decadi*	8	Lundi	ste Élisab.	27	6
21	Prim.	9	Mardi	s. Cyrille	28	7
22	Duodi	10	Merc.	ste Félicité	29	8
23	Tridi	11	Jeudi	Tr. s. B.	30	9
24	Quart.	12	Vend.	s. Gualb.	1 Juillet.	10
25	Quint.	13	Sam.	s. Turiaf	2	11
26	Sextidi	14	9 *D.*	s. Bonav.	3	12
27	Septidi	15	Lundi	s. Henri	4	13
28	Octidi	16	Mardi	s. Eustate	5	14
29	Nonidi	17	Merc.	s. Spérat	6	15
30	*Decadi*	18	Jeudi	s. Clair, é.	7	16

STYLE DÉCAD.	THERMIDOR.	STYLE GRÉGOR.		JUILLET-AOUT.		STYLE JULIEN.		Age de la lune.
1	Prim.	19	Juillet 1799.	Vend.	s. Vincent	8	Juillet 1799.	17
2	Duodi	20		Sam.	ste Marg.	9		18
3	Tridi	21		10 *D.*	s. Victor	10		19
4	Quart.	22		Lundi	ste Magd.	11		20
5	Quint.	23		Mardi	s. Apoll.	12		21
6	Sextidi	24		Merc.	ste Christ.	13		22
7	Septidi	25		Jeudi	s. Jacq. m.	14		23
8	Octidi	26		Vend.	s. Christ.	15		24
9	Nonidi	27		Sam.	s. George	16		25
10	*Decadi*	28		11 *D.*	ste Anne	17		26
11	Prim.	29		Lundi	s. Loup	18		27
12	Duodi	30		Mardi	s. Abdon	19		28
13	Tridi	31		Merc.	s. Germ.	20		29
14	Quart.	1	Août.	Jeudi	s. Pi. ès-l.	21		30
15	Quint.	2		Vend.	s. Étienne	22		1
16	Sextidi	3		Sam.	Inv. s. Ét.	23		2
17	Septidi	4		12 *D.*	Sus. ste Cr.	24		3
18	Octidi	5		Lundi	s. Domin.	25		4
19	Nonidi	6		Mardi	Tr. N. S.	26		5
20	*Decadi*	7		Merc.	s. Gaëtan	27		6
21	Prim.	8		Jeudi	s. Justin	28		7
22	Duodi	9		Vend.	s. Romain	29		8
23	Tridi	10		Sam.	s. Laur.	30		9
24	Quart.	11		13 *D.*	S. ste Cou.	31		10
25	Quint.	12		Lundi	ste Claire	1	Août.	11
26	Sextidi	13		Mardi	s. Hippol.	2		12
27	Septidi	14		Merc.	*Vigiles-J.*	3		13
28	Octidi	15		Jeudi	ASSOMP.	4		14
29	Nonidi	16		Vend.	s. Roch	5		15
30	*Decadi*	17		Sam.	s. Mam.	6		16

STYLE DÉCAD.	FRUCTIDOR.	STYLE GRÉGOR.	AOUT-SEPTEMBRE.		STYLE JULIEN.	Age de la lune.
1	Prim.	18 Août 1799.	14 *D.*	ste Hélène	7 Août 1799.	17
2	Duodi	19	Lundi	s. Louis, é.	8	18
3	Tridi	20	Mardi	s. Bernard	9	19
4	Quart.	21	Merc.	s. Privat	10	20
5	Quint.	22	Jeudi	s. Symph.	11	21
6	Sextidi	23	Vend.	s. Sidoine	12	22
7	Septidi	24	Sam.	s. Barthél.	13	23
8	Octidi	25	15 *D.*	s. Louis	14	24
9	Nonidi	26	Lundi	s. Zéphir.	15	25
10	*Decadi*	27	Mardi	s. Césaire	16	26
11	Prim.	28	Merc.	s. August.	17	27
12	Duodi	29	Jeudi	D. s. J.-B.	18	28
13	Tridi	30	Vend.	s. Fiacre	19	29
14	Quart.	31	Sam.	s. Médéric	20	1
15	Quint.	1 Septembre.	16 *D.*	s. L. s. G.	21	2
16	Sextidi	2	Lundi	s. Lazare	22	3
17	Septidi	3	Mardi	s. Grégoi.	23	4
18	Octidi	4	Merc.	ste Rosalie	24	5
19	Nonidi	5	Jeudi	s. Bertin	25	6
20	*Decadi*	6	Vend.	s. Onésip.	26	7
21	Prim.	7	Sam.	s. Cloud	27	8
22	Duodi	8	17 *D.*	NAT. N.D.	28	9
23	Tridi	9	Lundi	s. Omer	29	10
24	Quart.	10	Mardi	s. Nic. T.	30	11
25	Quint.	11	Merc.	s. Patient	31	12
26	Sextidi	12	Jeudi	s. Serdot	1 Septembre.	13
27	Septidi	13	Vend.	s. Mauril.	2	14
28	Octidi	14	Sam.	Ex. ste Cr.	3	15
29	Nonidi	15	18 *D.*	s. Nicom.	4	16
30	*Decadi*	16	Lundi	s. Cypr.	5	17

STYLE DÉCAD.	JOURS COMPL.	STYLE GRÉGOR.	SEPTEMBRE.		STYLE JULIEN.	Age de la lune.
1		17 Septemb. 1799.	Mardi	s. Lamb.	6 Septemb. 1799.	18
2		18	Merc.	*Quatre-T.*	7	19
3		19	Jeudi	s. Janvier	8	20
4		20	Vend.	s. Eustac.	9	21
5		21	Sam.	s. Math.	10	22
		22	19 *D.*	s. Maurice	11	23

AN VIII.

ARTICLES PRINCIPAUX DU CALENDRIER.

Année de la Période julienne........ 6513

Depuis la première Olympiade d'Iphitus jusqu'en juillet.... 2574

De la fondation de Rome, selon Varron (Mars)............ 2553

De l'époque de Nabonassar, depuis février............... 2547

De l'Hégire ou époque des Turcs (Julienne)............... 1178

L'année 1215 des Turcs commencera le 7 prairial an 8 (25 juin 1800).

Comput ecclésiastique pour 1800.

Nombre d'or.............................. 15
Épacte.................................... IV
Cycle solaire............................ 17
Indiction romaine....................... 3
Lettre dominicale....................... E

STYLE DÉCAD.	VENDÉMIAIRE.	STYLE GRÉGOR.	SEPTEMB.-OCTOB.		STYLE JULIEN.	Age de la lune.
1	Prim.	22 Septembre 1799.	Lundi	ste Thècle	12 Septembre 1799.	24
2	Duodi	23	Mardi	s. Andoche	13	25
3	Tridi	24	Merc.	s. Firmin	14	26
4	Quart.	25	Jeudi	ste Justine	15	27
5	Quint.	26	Vend.	s. C. s. D.	16	28
6	Sextidi	27	Sam.	s. Céran	17	29
7	Septidi	28	20 *D.*	s. Michel	18	1
8	Octidi	29	Lundi	s. Jérôme	19	2
9	Nonidi	30	Mardi	s. Remi	20	3
10	*Decadi*	1 Octobre.	Merc.	ss. Anges	21	4
11	Prim.	2	Jeudi	s. Den. A.	22	5
12	Duodi	3	Vend.	s. Franç.	23	6
13	Tridi	4	Sam.	ste Aure	24	7
14	Quart.	5	21 *D.*	s. Bruno	25	8
15	Quint.	6	Lundi	s. Serge	26	9
16	Sextidi	7	Mardi	s. Dem.	27	10
17	Septidi	8	Merc.	s. DENIS	28	11
18	Octidi	9	Jeudi	s. Géréon	29	12
19	Nonidi	10	Vend.	s. Nicaise	30	13
20	*Decadi*	11	Sam.	s. Wilfr.	1 Octobre.	14
21	Prim.	12	22 *D.*	s. Géraud	2	15
22	Duodi	13	Lundi	s. Caliste	3	16
23	Tridi	14	Mardi	ste Thérès.	4	17
24	Quart.	15	Merc.	s. Gal, ab.	5	18
25	Quint.	16	Jeudi	s. Cerb.	6	19
26	Sextidi	17	Vend.	s. Luc, év.	7	20
27	Septidi	18	Sam.	s. Savinien	8	21
28	Octidi	19	23 *D.*	s. Sendou	9	22
29	Nonidi	20	Lundi	ste Ursule	10	23
30	*Decadi*	21	Mardi	s. Mellon	11	24

STYLE DÉCAD.	BRUMAIRE.	STYLE GRÉGOR.	OCTOBRE-NOVEMB.		STYLE JULIEN.	Age de la lune.
1	Prim.	23 Octobre 1799.	Merc.	s. Hilar.	12 Octobre 1799.	25
2	Duodi	24	Jeudi	s. Maglo.	13	26
3	Tridi	25	Vend.	s. C. s. C.	14	27
4	Quart.	26	Sam.	s. Rustiq.	15	28
5	Quint.	27	24 *D.*	s. Frum.	16	29
6	Sextidi	28	Lundi	s. S. s. J.	17	30
7	Septidi	29	Mardi	s. Faron	18	1
8	Octidi	30	Merc.	s. Lucain	19	2
9	Nonidi	31	Jeudi	*Vigil. J.*	20	3
10	*Decadi*	1 Novembre.	Vend.	TOUSS.	21	4
11	Prim.	2	Sam.	MORTS	22	5
12	Duodi	3	25 *D.*	s. Marcel	23	6
13	Tridi	4	Lundi	s. Charles	24	7
14	Quart.	5	Mardi	ste Bertile	25	8
15	Quint.	6	Merc.	s. Léonard	26	9
16	Sextidi	7	Jeudi	s. Willeb.	27	10
17	Septidi	8	Vend.	stes Reliq.	28	11
18	Octidi	9	Sam.	s. Mathur.	29	12
19	Nonidi	10	26 *D.*	s. Léon	30	13
20	*Decadi*	11	Lundi	s. Martin	31	14
21	Prim.	12	Mardi	s. René	1 Novembre.	15
22	Duodi	13	Merc.	s. Gend.	2	16
23	Tridi	14	Jeudi	s. Mart. p.	3	17
24	Quart.	15	Vend.	s. Eugène	4	18
25	Quint.	16	Sam.	s. Eucher	5	19
26	Sextidi	17	27 *D.*	s. Agnan	6	20
27	Septidi	18	Lundi	ste Aude	7	21
28	Octidi	19	Mardi	ste Élisab.	8	22
29	Nonidi	20	Merc.	s. Edmo.	9	23
30	*Decadi*	21	Jeudi	Pr. N. D.	10	24

STYLE DÉCAD.	FRIMAIRE.	STYLE GRÉGOR.	NOVEMBRE-DÉC.		STYLE JULIEN.	Age de la lune.
1	Prim.	22 Novembre 1799.	Vend.	ste Cécile	11 Novembre 1799.	25
2	Duodi	23	Sam.	s. Clément	12	26
3	Tridi	24	28 *D.*	s. Severin	13	27
4	Quart.	25	Lundi	ste Cather.	14	28
5	Quint.	26	Mardi	ste Genev.	15	29
6	Sextidi	27	Merc.	s. Vital.	16	1
7	Septidi	28	Jeudi	s. Sosthè.	17	2
8	Octidi	29	Vend.	s. Saturn.	18	3
9	Nonidi	30	Sam.	s. André	19	4
10	*Decadi*	1 Décembre.	1 *D.*	*Avent*	20	5
11	Prim.	2	Lundi	s. Fr. Xav.	21	6
12	Duodi	3	Mardi	s. Mirocl.	22	7
13	Tridi	4	Merc.	ste Barbe	23	8
14	Quart.	5	Jeudi	s. Sabas	24	9
15	Quint.	6	Vend.	s. Nicolas	25	10
16	Sextidi	7	Sam.	ste Fare	26	11
17	Septidi	8	2 *D.*	CONCEP.	27	12
18	Octidi	9	Lundi	ste Gorgo.	28	13
19	Nonidi	10	Mardi	ste Valère	29	14
20	*Decadi*	11	Merc.	s. Fuscien	30	15
21	Prim.	12	Jeudi	s. Damas	1 Décembre.	16
22	Duodi	13	Vend.	ste Luce	2	17
23	Tridi	14	Sam.	s. Nicaise	3	18
24	Quart.	15	3 *D.*	s. Memin	4	19
25	Quint.	16	Lundi	ste Adél.	5	20
26	Sextidi	17	Mardi	ste Olym.	6	21
27	Septidi	18	Merc.	*Quatre-T.*	7	22
28	Octidi	19	Jeudi	ste Meuris	8	23
29	Nonidi	20	Vend.	s. Philog.	9	24
30	*Decadi*	21	Sam.	s. Thomas	10	25

STYLE DÉCAD.	NIVÔSE.	STYLE GRÉGOR.	DÉCEMBRE-JANV.		STYLE JULIEN.	Age de la lune.
1	Prim.	22 Décembre 1799.	*4 D.*	s. Ischyr.	11 Décembre 1799.	26
2	Duodi	23	Lundi	s. Yves	12	27
3	Tridi	24	Mardi	*Vigiles-J.*	13	28
4	Quart.	25	Merc.	NOEL	14	29
5	Quint.	26	Jeudi	s. Étienne	15	30
6	Sextidi	27	Vend.	s. Jean, é.	16	1
7	Septidi	28	Sam.	ss. Innoc.	17	2
8	Octidi	29	*Dim.*	s. Th. C.	18	3
9	Nonidi	30	Lundi	ste Colom.	19	4
10	*Decadi*	31	Mardi	s. Sylvest.	20	5
11	Prim.	1 Janvier 1800.	Merc.	CIRCONC.	21	6
12	Duodi	2	Jeudi	s. Basile	22	7
13	Tridi	3	Vend.	ste Genev.	23	8
14	Quart.	4	Sam.	s. Rigob.	24	9
15	Quint.	5	*1 D.*	s. Siméon	25	10
16	Sextidi	6	Lundi	ÉPIPHAN.	26	11
17	Septidi	7	Mardi	s. Théau	27	12
18	Octidi	8	Merc.	s. Lucien	28	13
19	Nonidi	9	Jeudi	s. Pierre	29	14
20	*Decadi*	10	Vend.	s. Paul	30	15
21	Prim.	11	Sam.	s. Hygin	31	16
22	Duodi	12	*2 D.*	s. Arcade	1 Janvier 1800.	17
23	Tridi	13	Lundi	B. N. S.	2	18
24	Quart.	14	Mardi	s. Hilaire	3	19
25	Quint.	15	Merc.	s. Maur	4	20
26	Sextidi	16	Jeudi	s. Guilla.	5	21
27	Septidi	17	Vend.	s. Antoine	6	22
28	Octidi	18	Sam.	Ch. s. P.	7	23
29	Nonidi	19	*3 D.*	s. Sulpice	8	24
30	*Decadi*	20	Lundi	s. Sébast.	9	25

STYLE DÉCAD.	PLUVIÔSE.	STYLE GRÉGOR.	JANVIER-FÉVRIER.		STYLE JULIEN.	Agé de la lune.
1	Prim.	21 Janvier 1800.	Mardi	s^te Agnès	10 Janvier 1800.	26
2	Duodi	22	Merc.	s. Vincent	11	27
3	Tridi	23	Jeudi	s. Ildéf.	12	28
4	Quart.	24	Vend.	s. Babyl.	13	29
5	Quint.	25	Sam.	C. s. Paul	14	1
6	Sextidi	26	3 *D.*	s^te Paule	15	2
7	Septidi	27	Lundi	s. Julien	16	3
8	Octidi	28	Mardi	s. Cyrille	17	4
9	Nonidi	29	Merc.	s. F. de S.	18	5
10	*Decadi*	30	Jeudi	s^te Bathil.	19	6
11	Prim.	31	Vend.	s. Pi. N.	20	7
12	Duodi	1 Février.	Sam.	s. Ignace	21	8
13	Tridi	2	4 *D.*	PURIFIC.	22	9
14	Quart.	3	Lundi	s. Blaise	23	10
15	Quint.	4	Mardi	s. Philéas	24	11
16	Sextidi	5	Merc.	s^te Agathe	25	12
17	Septidi	6	Jeudi	s. Vast	26	13
18	Octidi	7	Vend.	s. Romu.	27	14
19	Nonidi	8	Sam.	s. J. de M.	28	15
20	*Decadi*	9	*Dim.*	*Septuag.*	29	16
21	Prim.	10	Lundi	s^te Scolas.	30	17
22	Duodi	11	Mardi	s. Severin	31	18
23	Tridi	12	Merc.	s. Mélèce	1 Février.	19
24	Quart.	13	Jeudi	s^te Eulalie	2	20
25	Quint.	14	Vend.	s. Lezin	3	21
26	Sextidi	15	Sam.	s. Valen.	4	22
27	Septidi	16	*Dim.*	*Sexagés.*	5	23
28	Octidi	17	Lundi	s. Faustin	6	24
29	Nonidi	18	Mardi	s. Siméon	7	25
30	*Decadi*	19	Merc.	s. Moyse	8	26

STYLE DÉCAD.	VENTÔSE.	STYLE GRÉGOR.	FÉVRIER-MARS.		STYLE JULIEN.	Age de la lune.
1	Prim.	20 Février 1800.	Jeudi	s. Didier	9 Février 1800.	27
2	Duodi	21	Vend.	s. Flavien	10	28
3	Tridi	22	Sam.	s. Prétex.	11	29
4	Quart.	23	*Dim.*	*Quinq.*	12	1
5	Quint.	24	Lundi	s. Math.	13	2
6	Sextidi	25	Mardi	s. Alexis	14	3
7	Septidi	26	Merc.	*Cendres*	15	4
8	Octidi	27	Jeudi	s. Porph.	16	5
9	Nonidi	28	Vend.	Les 5 Pl.	17	6
10	*Decadi*	1 Mars.	Sam.	s. Aubin	18	7
11	Prim.	2	1 *D.*	*Quadr.*	19	8
12	Duodi	3	Lundi	s. Simpl.	20	9
13	Tridi	4	Mardi	s. Casim.	21	10
14	Quart.	5	Merc.	*Quatre-T.*	22	11
15	Quint.	6	Jeudi	s. Godeg.	23	12
16	Sextidi	7	Vend.	s. Perpét.	24	13
17	Septidi	8	Sam.	s. J. de D.	25	14
18	Octidi	9	2 *D.*	*Reminisc.*	26	15
19	Nonidi	10	Lundi	s. Doct.	27	16
20	*Decadi*	11	Mardi	40 Mart.	28	17
21	Prim.	12	Merc.	s. Pol, év.	29	18
22	Duodi	13	Jeudi	s. Lubin	1 Mars.	19
23	Tridi	14	Vend.	s. Tranq.	2	20
24	Quart.	15	Sam.	s. Abrah.	3	21
25	Quint.	16	3 *D.*	*Oculi*	4	22
26	Sextidi	17	Lundi	ste Gertr.	5	23
27	Septidi	18	Mardi	s. Alex.	6	24
28	Octidi	19	Merc.	s. Joseph	7	25
29	Nonidi	20	Jeudi	s. Joach.	8	26
30	*Decadi*	21	Vend.	s. Benoît	9	27

STYLE DÉCAD.	GERMINAL.	STYLE GRÉGOR.	MARS-AVRIL.		STYLE JULIEN.	Age de la lune.
1	Prim.	22 Mars 1800.	Sam.	s. Epaph.	10 Mars 1800.	28
2	Duodi	23	4 *D.*	*Lætare*	11	29
3	Tridi	24	Lundi	Annonc.	12	30
4	Quart.	25	Mardi	s. Simon	13	1
5	Quint.	26	Merc.	s. Leugd.	14	2
6	Sextidi	27	Jeudi	s. Rupert	15	3
7	Septidi	28	Vend.	s. Gontr.	16	4
8	Octidi	29	Sam.	s. Cyrille	17	5
9	Nonidi	30	5 *D.*	*Passion*	18	6
10	*Decadi*	31	Lundi	s. Acace	19	7
11	Prim.	1 Avril.	Mardi	s. Hugues	20	8
12	Duodi	2	Merc.	s. F. de P.	21	9
13	Tridi	3	Jeudi	s. Richard	22	10
14	Quart.	4	Vend.	Compass.	23	11
15	Quint.	5	Sam.	s. Vin. F.	24	12
16	Sextidi	6	6 *D.*	*Rameaux*	25	13
17	Septidi	7	Lundi	s. Hégés.	26	14
18	Octidi	8	Mardi	ste Mar. é.	27	15
19	Nonidi	9	Merc.	s. Macai.	28	16
20	*Decadi*	10	Jeudi	s. Léon	29	17
21	Prim.	11	Vend.	*Vend. S.*	30	18
22	Duodi	12	Sam.	s. Perpét.	31	19
23	Tridi	13	*Dim.*	PASQUE	1 Avril.	20
24	Quart.	14	Lundi	s. Tibur.	2	21
25	Quint.	15	Mardi	s. Paterne	3	22
26	Sextidi	16	Merc.	s. Fruct.	4	23
27	Septidi	17	Jeudi	s. Anicet	5	24
28	Octidi	18	Vend.	s. Parfait	6	25
29	Nonidi	19	Sam.	s. Elpheg.	7	26
30	*Decadi*	20	1 *D.*	*Quasim.*	8	27

STYLE DÉCAD.	FLORÉAL.	STYLE GRÉGOR.	AVRIL-MAI.		STYLE JULIEN.	Age de la lune.
1	Prim.	21 Avril 1800.	Lundi	s. Ansel.	9 Avril 1800.	28
2	Duodi	22	Mardi	ste Oport.	10	29
3	Tridi	23	Merc.	s. George	11	30
4	Quart.	24	Jeudi	ste Beuve	12	1
5	Quint.	25	Vend.	s. Marc	13	2
6	Sextidi	26	Sam.	s. Clet	14	3
7	Septidi	27	2 *D.*	s. Polyc.	15	4
8	Octidi	28	Lundi	s. Vital	16	5
9	Nonidi	29	Mardi	s. Robert	17	6
10	*Decadi*	30	Merc.	s. Eutrop.	18	7
11	Prim.	1 Mai.	Jeudi	s. J. s. Ph.	19	8
12	Duodi	2	Vend.	s. Athan.	20	9
13	Tridi	3	Sam.	Inv. ste C.	21	10
14	Quart.	4	3 *D.*	ste Moniq.	22	11
15	Quint.	5	Lundi	C. s. A.	23	12
16	Sextidi	6	Mardi	s. J. P. L.	24	13
17	Septidi	7	Merc.	s. Stanisl.	25	14
18	Octidi	8	Jeudi	s. Désiré	26	15
19	Nonidi	9	Vend.	s. G. de N.	27	16
20	*Decadi*	10	Sam.	s. Gord.	28	17
21	Prim.	11	4 *D.*	s. Mam.	29	18
22	Duodi	12	Lundi	s. Nérée	30	19
23	Tridi	13	Mardi	ste Onési.	1 Mai.	20
24	Quart.	14	Merc.	s. Servais	2	21
25	Quint.	15	Jeudi	s. Isidore	3	22
26	Sextidi	16	Vend.	s. Honoré	4	23
27	Septidi	17	Sam.	s. Paschal	5	24
28	Octidi	18	5 *D.*	s. Éric	6	25
29	Nonidi	19	Lundi	*Rogations*	7	26
30	*Decadi*	20	Mardi	s. Bernard	8	27

STYLE DÉCAD.	PRAIRIAL.	STYLE GRÉGOR.	MAI-JUIN.		STYLE JULIEN.	Age de la lune.
1	Prim.	21 Mai 1800.	Merc.	s. Hospic.	9 Mai 1800.	28
2	Duodi	22	Jeudi	ASCENS.	10	29
3	Tridi	23	Vend.	s. Didier	11	30
4	Quart.	24	Sam.	s. Donat.	12	1
5	Quint.	25	6 *D.*	s. Urbain	13	2
6	Sextidi	26	Lundi	s. Clet	14	3
7	Septidi	27	Mardi	s. Jean, p.	15	4
8	Octidi	28	Merc.	s. Germ.	16	5
9	Nonidi	29	Jeudi	s. Maxim.	17	6
10	*Decadi*	30	Vend.	s. Félix	18	7
11	Prim.	31	Sam.	*Vigil.-J.*	19	8
12	Duodi	1 Juin.	*Dim.*	PENTEC.	20	9
13	Tridi	2	Lundi	s. Pothin	21	10
14	Quart.	3	Mardi	ste Clotild.	22	11
15	Quint.	4	Merc.	s. Optat	23	12
16	Sextidi	5	Jeudi	s. Boniface	24	13
17	Septidi	6	Vend.	s. Norb.	25	14
18	Octidi	7	Sam.	s. Paul, ar.	26	15
19	Nonidi	8	1 *D.*	s. Médard	27	16
20	*Decadi*	9	Lundi	s. Basilid.	28	17
21	Prim.	10	Mardi	s. Landry	29	18
22	Duodi	11	Merc.	s. Barna.	30	19
23	Tridi	12	Jeudi	FÊTE-D.	31	20
24	Quart.	13	Vend.	s. Ant. P.	1 Juin.	21
25	Quint.	14	Sam.	s. Ruffin	2	22
26	Sextidi	15	2 *D.*	s. Guy	3	23
27	Septidi	16	Lundi	s. Cyr	4	24
28	Octidi	17	Mardi	s. Avit	5	25
29	Nonidi	18	Merc.	ste Marine	6	26
30	*Decadi*	19	Jeudi	*Oct. F. D.*	7	27

STYLE DÉCAD.	MESSIDOR.	STYLE GRÉGOR.	JUIN-JUILLET.		STYLE JULIEN.	Age de la lune.
1	Prim.	20 Juin 1800.	Vend.	s. Sylvère	8 Juin 1800.	28
2	Duodi	21	Sam.	s. Leufroi	9	29
3	Tridi	22	3. *D.*	s. Paulin	10	1
4	Quart.	23	Lundi	*Vigil.-J.*	11	2
5	Quint.	24	Mardi	N. s. J.-B.	12	3
6	Sextidi	25	Merc.	s. Prosper	13	4
7	Septidi	26	Jeudi	s. Babol.	14	5
8	Octidi	27	Vend.	s. Ladisl.	15	6
9	Nonidi	28	Sam.	*Vigil.-J.*	16	7
10	*Decadi*	29	4 *D.*	s. Pi. s. P.	17	8
11	Prim.	30	Lundi	Com. s. P.	18	9
12	Duodi	1 Juillet.	Mardi	s. Martial	19	10
13	Tridi	2	Merc.	Vis. N. D.	20	11
14	Quart.	3	Jeudi	s. Anato.	21	12
15	Quint.	4	Vend.	Tr. s. Ma.	22	13
16	Sextidi	5	Sam.	s[te] Zoé	23	14
17	Septidi	6	5 *D.*	s. Tranq.	24	15
18	Octidi	7	Lundi	s[te] Aubie.	25	16
19	Nonidi	8	Mardi	s[te] Élisab.	26	17
20	*Decadi*	9	Merc.	s. Cyrille	27	18
21	Prim.	10	Jeudi	s[te] Félicité	28	19
22	Duodi	11	Vend.	Tr. s. B.	29	20
23	Tridi	12	Sam.	s. Gualb.	30	21
24	Quart.	13	6 *D.*	s. Turiaf	1 Juillet.	22
25	Quint.	14	Lundi	s. Bonav.	2	23
26	Sextidi	15	Mardi	s. Henri	3	24
27	Septidi	16	Merc.	s. Eustate	4	25
28	Octidi	17	Jeudi	s. Sperat	5	26
29	Nonidi	18	Vend.	s. Clair, é.	6	27
30	*Decadi*	19	Sam.	s. Vincent	7	28

STYLE DÉCAD.	THERMIDOR.	STYLE GRÉGOR.	JUILLET-AOUT.		STYLE JULIEN.	Age de la lune.
1	Prim.	20 Juillet 1800.	7 *D.*	s^te^ Marg.	8 Juillet 1800.	29
2	Duodi	21	Lundi	s. Victor	9	30
3	Tridi	22	Mardi	ste Magd.	10	1
4	Quart.	23	Merc.	s. Apoll.	11	2
5	Quint.	24	Jeudi	ste Christ.	12	3
6	Sextidi	25	Vend.	s. Jacq. m.	13	4
7	Septidi	26	Sam.	s. Christ.	14	5
8	Octidi	27	8 *D.*	s. George	15	6
9	Nonidi	28	Lundi	ste Anne	16	7
10	*Decadi*	29	Mardi	s. Loup	17	8
11	Prim.	30	Merc.	s. Abdon	18	9
12	Duodi	31	Jeudi	s. Germ.	19	10
13	Tridi	1 Août.	Vend.	s. Pi. ès-l.	20	11
14	Quart.	2	Sam.	s. Étienne	21	12
15	Quint.	3	9 *D.*	Inv. s. Ét.	22	13
16	Sextidi	4	Lundi	Sus. ste Cr.	23	14
17	Septidi	5	Mardi	s. Domin.	24	15
18	Octidi	6	Merc.	Tr. N. S.	25	16
19	Nonidi	7	Jeudi	s. Gaëtan	26	17
20	*Decadi*	8	Vend.	s. Justin	27	18
21	Prim.	9	Sam.	s. Romain	28	19
22	Duodi	10	10 *D.*	s. Laur.	29	20
23	Tridi	11	Lundi	S. ste Cou.	30	21
24	Quart.	12	Mardi	ste Claire	31	22
25	Quint.	13	Merc.	s. Hippol.	1 Août.	23
26	Sextidi	14	Jeudi	*Vigiles-J.*	2	24
27	Septidi	15	Vend.	ASSOMP.	3	25
28	Octidi	16	Sam.	s. Roch	4	26
29	Nonidi	17	11 *D.*	s. Mam.	5	27
30	*Decadi*	18	Lundi	ste Hélène	6	28

STYLE DÉCAD.	FRUCTIDOR.	STYLE GRÉGOR.	AOUT-SEPTEMBRE.		STYLE JULIEN.	Age de la lune.
1	Prim.	19 Août 1800.	Mardi	s. Louis, é.	7 Août 1800.	29
2	Duodi	20	Merc.	s. Bernard	8	1
3	Tridi	21	Jeudi	s. Privat	9	2
4	Quart.	22	Vend.	s. Symph.	10	3
5	Quint.	23	Sam.	s. Sidoine	11	4
6	Sextidi	24	12 *D.*	s. Barthél.	12	5
7	Septidi	25	Lundi	s. Louis	13	6
8	Octidi	26	Mardi	s. Zéphir.	14	7
9	Nonidi	27	Merc.	s. Césaire	15	8
10	*Decadi*	28	Jeudi	s. August.	16	9
11	Prim.	29	Vend.	D. s. J.-B.	17	10
12	Duodi	30	Sam.	s. Fiacre	18	11
13	Tridi	31	13 *D.*	s. Médéric	19	12
14	Quart.	1 Septembre.	Lundi	s. L. s. G.	20	13
15	Quint.	2	Mardi	s. Lazare	21	14
16	Sextidi	3	Merc.	s. Grégoi.	22	15
17	Septidi	4	Jeudi	ste Rosalie	23	16
18	Octidi	5	Vend.	s. Bertin	24	17
19	Nonidi	6	Sam.	s. Onésip.	25	18
20	*Decadi*	7	14 *D.*	s. Cloud.	26	19
21	Prim.	8	Lundi	Nat. N.D.	27	20
22	Duodi	9	Mardi	s. Omer	28	21
23	Tridi	10	Merc.	s. Nic. T.	29	22
24	Quart.	11	Jeudi	s. Patient	30	23
25	Quint.	12	Vend.	s. Serdot	31	24
26	Sextidi	13	Sam.	s. Mauril.	1 Septembre.	25
27	Septidi	14	15 *D.*	Ex. ste Cr.	2	26
28	Octidi	15	Lundi	s. Nicom.	3	27
29	Nonidi	16	Mardi	s. Cypr.	4	28
30	*Decadi*	17	Merc.	*Quatre-T.*	5	29

STYLE DÉCAD.	JOURS COMPL.	STYLE GRÉGOR.	SEPTEMBRE.		STYLE JULIEN.	Age de la lune.
1		18 Septemb. 1800	Jeudi	s. J. Chr.	6 Septemb. 1800.	30
2		19	Vend.	s. Janvier	7	1
3		20	Sam.	s. Eustac.	8	2
4		21	16 *D.*	s. Math.	9	3
5		22	Lundi	s. Maurice	10	4

AN IX.

ARTICLES PRINCIPAUX DU CALENDRIER.

ANNÉE de la Période julienne........ 6514

Depuis la première Olympiade d'Iphitus jusqu'en juillet.... 2575

De la fondation de Rome, selon Varron (Mars)........... 2554

De l'époque de Nabonassar, depuis février............... 2548

De l'Hégire ou époque des Turcs (Julienne)................ 1179

L'année 1216 des Turcs commencera le 23 floréal an 9 (13 mai 1801).

Comput ecclésiastique pour 1801.

Nombre d'or........................ 16
Épacte............................ XV
Cycle solaire........................ 18
Indiction romaine.................... 4
Lettre dominicale.................... D

STYLE DÉCAD.	VENDÉMIAIRE.	STYLE GRÉGOR.	SEPTEMB.—OCTOB.		STYLE JULIEN.	Age de la lune.
1	Prim.	23 Septembre 1800.	Mardi	s^te^ Thècle	11 Septembre 1800.	5
2	Duodi	24	Merc.	s. And.	12	6
3	Tridi	25	Jeudi	s. Firmin	13	7
4	Quart.	26	Vend.	s^te^ Justine	14	8
5	Quint.	27	Sam.	s. C. s. D.	15	9
6	Sextidi	28	17 *D.*	s. Céran	16	10
7	Septidi	29	Lundi	s. Michel	17	11
8	Octidi	30	Mardi	s. Jérôme	18	12
9	Nonidi	1 Octobre.	Merc.	s. Remi	19	13
10	*Decadi*	2	Jeudi	ss. Anges	20	14
11	Prim.	3	Vend.	s. Den. A.	21	15
12	Duodi	4	Sam.	s. Franç.	22	16
13	Tridi	5	18 *D.*	s^te^ Aure	23	17
14	Quart.	6	Lundi	s. Bruno	24	18
15	Quint.	7	Mardi	s. Serge	25	19
16	Sextidi	8	Merc.	s. Dem.	26	20
17	Septidi	9	Jeudi	s. Denis	27	21
18	Octidi	10	Vend.	s. Géréon	28	22
19	Nonidi	11	Sam.	s. Nicaise	29	23
20	*Decadi*	12	19 *D.*	s. Wilfr.	30	24
21	Prim.	13	Lundi	s. Géraud	1 Octobre.	25
22	Duodi	14	Mardi	s. Caliste	2	26
23	Tridi	15	Merc.	s^te^ Thérès.	3	27
24	Quart.	16	Jeudi	s. Gal, ab.	4	28
25	Quint.	17	Vend.	s. Cerb.	5	29
26	Sextidi	18	Sam.	s. Luc, é.	6	1
27	Septidi	19	20 *D.*	s. Savini.	7	2
28	Octidi	20	Lundi	s. Sendou	8	3
29	Nonidi	21	Mardi	s^te^ Ursule	9	4
30	*Decadi*	22	Merc.	s. Mellon	10	5

STYLE DÉCAD.	BRUMAIRE.	STYLE GRÉGOR.	OCTOBRE-NOVEMB.		STYLE JULIEN.	Age de la lune.
1	Prim.	23 Octobre 1800.	Jeudi	s. Hilar.	11 Octobre 1800.	6
2	Duodi	24	Vend.	s. Maglo.	12	7
3	Tridi	25	Sam.	s. C. s. C.	13	8
4	Quart.	26	21 *D.*	s. Rustiq.	14	9
5	Quint.	27	Lundi	s. Frum.	15	10
6	Sextidi	28	Mardi	s. S. s. J.	16	11
7	Septidi	29	Merc.	s. Faron	17	12
8	Octidi	30	Jeudi	s. Lucain	18	13
9	Nonidi	31	Vend.	*Vigil.-J.*	19	14
10	*Decadi*	1 Novembre.	Sam.	TOUSS.	20	15
11	Prim.	2	22 *D.*	s. Marcel	21	16
12	Duodi	3	Lundi	MORTS.	22	17
13	Tridi	4	Mardi	s. Charles	23	18
14	Quart.	5	Merc.	ste. Bertile	24	19
15	Quint.	6	Jeudi	s. Léonard	25	20
16	Sextidi	7	Vend.	s. Willeb.	26	21
17	Septidi	8	Sam.	stes Reliq.	27	22
18	Octidi	9	23 *D.*	s. Mathu.	28	23
19	Nonidi	10	Lundi	s. Léon	29	24
20	*Decadi*	11	Mardi	s. Martin	30	25
21	Prim.	12	Merc.	s. René	31	26
22	Duodi	13	Jeudi	s. Gend.	1 Novembre.	27
23	Tridi	14	Vend.	s. Mart. p.	2	28
24	Quart.	15	Sam.	s. Eugène	3	29
25	Quint.	16	24 *D.*	s. Eucher	4	30
26	Sextidi	17	Lundi	s. Agnan	5	1
27	Septidi	18	Mardi	ste Aude	6	2
28	Octidi	19	Merc.	ste Élisab.	7	3
29	Nonidi	20	Jeudi	s. Edmo.	8	4
30	*Decadi*	21	Vend.	Pr. N. D.	9	5

STYLE DÉCAD.	FRIMAIRE.	STYLE GRÉGOR.	NOVEMBRE-DÉC.		STYLE JULIEN.	Âge de la lune.
1	Prim.	22 Novembre 1800.	Sam.	ste Cecile	10 Novembre 1800.	6
2	Duodi	23	25 *D.*	s. Clément	11	7
3	Tridi	24	Lundi	s. Severin	12	8
4	Quart.	25	Mardi	ste Cather.	13	9
5	Quint.	26	Merc.	ste Genev.	14	10
6	Sextidi	27	Jeudi	s. Vital	15	11
7	Septidi	28	Vend.	s. Sosthè.	16	12
8	Octidi	29	Sam.	s. Saturn.	17	13
9	Nonidi	30	1 *D.*	*Avent*	18	14
10	*Decadi*	1 Décembre.	Lundi	s. Éloi	19	15
11	Prim.	2	Mardi	s. Mirocl.	20	16
12	Duodi	3	Merc.	s. Fr. Xav.	21	17
13	Tridi	4	Jeudi	ste Barbe	22	18
14	Quart.	5	Vend.	s. Sabas	23	19
15	Quint.	6	Sam.	s. Nicolas	24	20
16	Sextidi	7	2 *D.*	ste Fare	25	21
17	Septidi	8	Lundi	CONCEP.	26	22
18	Octidi	9	Mardi	ste Gorgo.	27	23
19	Nonidi	10	Merc.	ste Valère	28	24
20	*Decadi*	11	Jeudi	s. Fuscien	29	25
21	Prim.	12	Vend.	s. Damas.	30	26
22	Duodi	13	Sam.	ste Luce	1 Décembre.	27
23	Tridi	14	3 *D.*	s. Nicaise	2	28
24	Quart.	15	Lundi	s. Memin	3	29
25	Quint.	16	Mardi	ste Adél.	4	1
26	Sextidi	17	Merc.	*Quatre-T.*	5	2
27	Septidi	18	Jeudi	s. Gatien	6	3
28	Octidi	19	Vend.	ste Meuris	7	4
29	Nonidi	20	Sam.	s. Philog.	8	5
30	*Decadi*	21	4 *D.*	s. Thomas	9	6

STYLE DÉCAD.	NIVÔSE.	STYLE GRÉGOR.	DÉCEMBRE-JANV.		STYLE JULIEN.	Age de la lune.
		Décembre 1800.			Décembre 1800.	
1	Prim.	22	Lundi	s. Ischyr.	10	7
2	Duodi	23	Mardi	s. Yves	11	8
3	Tridi	24	Merc.	*Vigiles-J.*	12	9
4	Quart	25	Jeudi	NOEL	13	10
5	Quint.	26	Vend.	s. Étienne	14	11
6	Sextidi	27	Sam.	s. Jean, é.	15	12
7	Septidi	28	*Dim.*	ss. Innoc.	16	13
8	Octidi	29	Lundi	s. Th. C.	17	14
9	Nonidi	30	Mardi	s^te^ Colom.	18	15
10	*Decadi*	31	Merc.	s. Sylvest.	19	16
		Janvier 1801.				
11	Prim.	1	Jeudi	CIRCONC.	20	17
12	Duodi	2	Vend.	s. Basile	21	18
13	Tridi	3	Sam.	s^te^ Genev.	22	19
14	Quart.	4	*Dim.*	s. Rigob.	23	20
15	Quint.	5	Lundi	s. Siméon	24	21
16	Sextidi	6	Mardi	ÉPIPHAN.	25	22
17	Septidi	7	Merc.	s. Théau	26	23
18	Octidi	8	Jeudi	s. Lucien	27	24
19	Nonidi	9	Vend.	s. Pierre	28	25
20	*Decadi*	10	Sam.	s. Paul	29	26
21	Prim.	11	1 *D.*	s. Hygin	30	27
22	Duodi	12	Lundi	s. Arcade	31	28
					Janvier 1801.	
23	Tridi	13	Mardi	B. N. S.	1	29
24	Quart.	14	Merc.	s. Hilaire	2	30
25	Quint.	15	Jeudi	s. Maur	3	1
26	Sextidi	16	Vend.	s. Guillau.	4	2
27	Septidi	17	Sam.	s. Antoine	5	3
28	Octidi	18	2 *D.*	Ch. s. Pi.	6	4
29	Nonidi	19	Lundi	s. Sulpice	7	5
30	*Decadi*	20	Mardi	s. Sébast.	8	6

STYLE DÉCAD.	PLUVIÔSE.	STYLE GRÉGOR.	JANVIER-FÉVRIER.		STYLE JULIEN.	Age de la lune.
1	Prim.	21 Janvier 1801.	Merc.	ste Agnès	9 Janvier 1801.	7
2	Duodi	22	Jeudi	s. Vincent	10	8
3	Tridi	23	Vend.	s. Ildéf.	11	9
4	Quart.	24	Sam.	s. Babyl.	12	10
5	Quint.	25	3 *D.*	C. s. Paul	13	11
6	Sextidi	26	Lundi	ste Paule	14	12
7	Septidi	27	Mardi	s. Julien	15	13
8	Octidi	28	Merc.	s. Cyrille	16	14
9	Nonidi	29	Jeudi	s. F. de S.	17	15
10	*Decadi*	30	Vend.	ste Bathil.	18	16
11	Prim.	31	Sam.	s. Pi. N.	19	17
12	Duodi	1 Février.	*Dim.*	*Septuag.*	20	18
13	Tridi	2	Lundi	PURIFIC.	21	19
14	Quart.	3	Mardi	s. Blaise	22	20
15	Quint.	4	Merc.	s. Philéas	23	21
16	Sextidi	5	Jeudi	ste Agathe	24	22
17	Septidi	6	Vend.	s. Vast	25	23
18	Octidi	7	Sam.	s. Romu.	26	24
19	Nonidi	8	*Dim.*	*Sexagés.*	27	25
20	*Decadi*	9	Lundi	ste Apoll.	28	26
21	Prim.	10	Mardi	ste Scolas.	29	27
22	Duodi	11	Merc.	s. Severin	30	28
23	Tridi	12	Jeudi	s. Mélèce	31	29
24	Quart.	13	Vend.	ste Eulalie	1 Février.	1
25	Quint.	14	Sam.	s. Lezin	2	2
26	Sextidi	15	*Dim.*	*Quinq.*	3	3
27	Septidi	16	Lundi	s. Faustin	4	4
28	Octidi	17	Mardi	s. Siméon	5	5
29	Nonidi	18	Merc.	*Cendres*	6	6
30	*Decadi*	19	Jeudi	s. Moyse	7	7

STYLE DÉCAD.	VENTÔSE.	STYLE GRÉGOR.	FÉVRIER-MARS.		STYLE JULIEN.	Age de la lune.
1	Prim.	20 Février 1801.	Vend.	Les 5 Pl.	8 Février 1801.	8
2	Duodi	21	Sam.	s. Flavien	9	9
3	Tridi	22	1 *D.*	*Quadrag.*	10	10
4	Quart.	23	Lundi	s. Damien	11	11
5	Quint.	24	Mardi	s. Math.	12	12
6	Sextidi	25	Merc.	*Quatre-T.*	13	13
7	Septidi	26	Jeudi	ste Hono.	14	14
8	Octidi	27	Vend.	s. Porph.	15	15
9	Nonidi	28	Sam.	s. Rom.	16	16
10	*Decadi*	1 Mars.	2 *D.*	*Reminisc.*	17	17
11	Prim.	2	Lundi	ste Cunég.	18	18
12	Duodi	3	Mardi	s. Simpl.	19	19
13	Tridi	4	Merc.	s. Casim.	20	20
14	Quart.	5	Jeudi	s. Draus.	21	21
15	Quint.	6	Vend.	s. Godeg.	22	22
16	Sextidi	7	Sam.	s. Perpét.	23	23
17	Septidi	8	3 *D.*	*Oculi*	24	24
18	Octidi	9	Lundi	ste Franç.	25	25
19	Nonidi	10	Mardi	s. Doct.	26	26
20	*Decadi*	11	Merc.	40 Mart.	27	27
21	Prim.	12	Jeudi	s. Pol, év.	28	28
22	Duodi	13	Vend.	s. Lubin	1 Mars.	29
23	Tridi	14	Sam.	s. Tranq.	2	30
24	Quart.	15	4 *D.*	*Lœtare*	3	1
25	Quint.	16	Lundi	s. Abrah.	4	2
26	Sextidi	17	Mardi	ste Gertr.	5	3
27	Septidi	18	Merc.	s. Alex.	6	4
28	Octidi	19	Jeudi	s. Joseph	7	5
29	Nonidi	20	Vend.	s. Joach.	8	6
30	*Decadi*	21	Sam.	s. Benoît	9	7

STYLE DÉCAD.	GERMINAL.	STYLE GRÉGOR.	MARS-AVRIL.		STYLE JULIEN.	Age de la lune.
1	Prim.	22 Mars 1801.	5 *D.*	*Passion*	10 Mars 1801.	8
2	Duodi	23	Lundi	s. Victor	11	9
3	Tridi	24	Mardi	s. Simon	12	10
4	Quart.	25	Merc.	ANNONC.	13	11
5	Quint.	26	Jeudi	s. Leudg.	14	12
6	Sextidi	27	Vend.	s. Rupert	15	13
7	Septidi	28	Sam.	s. Gontr.	16	14
8	Octidi	29	6 *D.*	*Rameaux*	17	15
9	Nonidi	30	Lundi	s. Rieul, é.	18	16
10	*Decadi*	31	Mardi	s. Acace	19	17
11	Prim.	1 Avril.	Merc.	s. Hugues	20	18
12	Duodi	2	Jeudi	s. F. de P.	21	19
13	Tridi	3	Vend.	*Vend. S.*	22	20
14	Quart.	4	Sam.	s. Ambr.	23	21
15	Quint.	5	*Dim.*	PASQUE.	24	22
16	Sextidi	6	Lundi	s. Prud.	25	23
17	Septidi	7	Mardi	s. Hégés.	26	24
18	Octidi	8	Merc.	s^te^ Mar. é.	27	25
19	Nonidi	9	Jeudi	s. Macai.	28	26
20	*Decadi*	10	Vend.	s. Léon	29	27
21	Prim.	11	Sam.	s. Jules	30	28
22	Duodi	12	1 *D.*	*Quasim.*	31	29
23	Tridi	13	Lundi	s. Herm.	1 Avril.	1
24	Quart.	14	Mardi	s. Tibur.	2	2
25	Quint.	15	Merc.	s. Patern.	3	3
26	Sextidi	16	Jeudi	s. Fruct.	4	4
27	Septidi	17	Vend.	s Anicet	5	5
28	Octidi	18	Sam.	s. Parfait	6	6
29	Nonidi	19	2 *D.*	s. Elpheg.	7	7
30	*Decadi*	20	Lundi	s. Hildeg.	8	8

STYLE DÉCAD.	FLORÉAL.	STYLE GRÉGOR.	AVRIL-MAI.		STYLE JULIEN.	Age de la lune.
1	Prim.	21 Avril 1801.	Mardi	s. Anselm.	9 Avril 1801.	9
2	Duodi	22	Merc.	ste Oport.	10	10
3	Tridi	23	Jeudi	s. George	11	11
4	Quart.	24	Vend.	ste Beuve	12	12
5	Quint.	25	Sam.	s. Marc	13	13
6	Sextidi	26	3 *D.*	s. Clet	14	14
7	Septidi	27	Lundi	s. Polyc.	15	15
8	Octidi	28	Mardi	s. Vital	16	16
9	Nonidi	29	Merc.	s. Robert	17	17
10	*Decadi*	30	Jeudi	s. Eutrop.	18	18
11	Prim.	1 Mai.	Vend.	s. J. s. Ph.	19	19
12	Duodi	2	Sam.	s. Athan.	20	20
13	Tridi	3	4 *D.*	Inv. ste C.	21	21
14	Quart.	4	Lundi	ste Moniq.	22	22
15	Quint.	5	Mardi	C. s. A.	23	23
16	Sextidi	6	Merc.	s. J. P. L.	24	24
17	Septidi	7	Jeudi	s. Stanisl.	25	25
18	Octidi	8	Vend.	s. Désiré	26	26
19	Nonidi	9	Sam.	s. G. de N.	27	27
20	*Decadi*	10	5 *D.*	s. Gord.	28	28
21	Prim.	11	Lundi	*Rogations*	29	29
22	Duodi	12	Mardi	s. Nérée	30	30
23	Tridi	13	Merc.	ste Onési.	1 Mai.	1
24	Quart.	14	Jeudi	ASCENS.	2	2
25	Quint.	15	Vend.	s. Isidore	3	3
26	Sextidi	16	Sam.	s. Honoré	4	4
27	Septidi	17	6 *D.*	s. Pascal	5	5
28	Octidi	18	Lundi	s. Éric	6	6
29	Nonidi	19	Mardi	ste Célest.	7	7
30	*Decadi*	20	Merc.	s. Bernard	8	8

STYLE DÉCAD.	PRAIRIAL.	STYLE GRÉGOR.	MAI-JUIN.		STYLE JULIEN.	Age de la lune.
1	Prim.	21 Mai 1801.	Jeudi	s. Hospic.	9 Mai 1801.	9
2	Duodi	22	Vend.	ste Julie	10	10
3	Tridi	23	Sam.	*Vigiles-J.*	11	11
4	Quart.	24	*Dim.*	PENTEC.	12	12
5	Quint.	25	Lundi	s. Urbain	13	13
6	Sextidi	26	Mardi	s. Donat.	14	14
7	Septidi	27	Merc.	*Quatre-T.*	15	15
8	Octidi	28	Jeudi	s. Germ.	16	16
9	Nonidi	29	Vend.	s. Maxim.	17	17
10	*Decadi*	30	Sam.	s. Félix	18	18
11	Prim.	31	1 *D.*	*Trinité*	19	19
12	Duodi	1 Juin.	Lundi	s. Pamp.	20	20
13	Tridi	2	Mardi	s. Pothin	21	21
14	Quart.	3	Merc.	ste Clotil.	22	22
15	Quint.	4	Jeudi	FÊTE-D.	23	23
16	Sextidi	5	Vend.	s. Bonifa.	24	24
17	Septidi	6	Sam.	s. Norb.	25	25
18	Octidi	7	2 *D.*	s. Paul, ar.	26	26
19	Nonidi	8	Lundi	s. Médard	27	27
20	*Decadi*	9	Mardi	s. Basilid.	28	28
21	Prim.	10	Merc.	s. Landry	29	29
22	Duodi	11	Jeudi	*Oct. F. D.*	30	1
23	Tridi	12	Vend.	s. Gordi.	31	2
24	Quart.	13	Sam.	s. Ant. P.	1 Juin.	3
25	Quint.	14	3 *D.*	s. Ruffin	2	4
26	Sextidi	15	Lundi	s. Guy	3	5
27	Septidi	16	Mardi	s. Cyr	4	6
28	Octidi	17	Merc.	s. Avit	5	7
29	Nonidi	18	Jeudi	ste Marine	6	8
30	*Decadi*	19	Vend.	s. Gervais	7	9

STYLE DÉCAD.	MESSIDOR.	STYLE GRÉGOR.	JUIN-JUILLET.		STYLE JULIEN.	Age de la lune.
1	Prim.	20 Juin 1801.	Sam.	s. Sylvère	8 Juin 1801.	10
2	Duodi	21	4 *D.*	s. Leufroi	9	11
3	Tridi	22	Lundi	s. Paulin	10	12
4	Quart.	23	Mardi	*Vigiles-J.*	11	13
5	Quint.	24	Merc.	N. s. J.-B.	12	14
6	Sextidi	25	Jeudi	s. Prosp.	13	15
7	Septidi	26	Vend.	s. Babol.	14	16
8	Octidi	27	Sam.	*Vigiles-J.*	15	17
9	Nonidi	28	5 *D.*	s. Ladisl.	16	18
10	*Decadi*	29	Lundi	s. Pi. s. P.	17	19
11	Prim.	30	Mardi	Com. s. P.	18	20
12	Duodi	1 Juillet.	Merc.	s. Martial	19	21
13	Tridi	2	Jeudi	Vis. N. D.	20	22
14	Quart.	3	Vend.	s. Anato.	21	23
15	Quint.	4	Sam.	Tr. s. Ma.	22	24
16	Sextidi	5	6 *D.*	ste Zoé	23	25
17	Septidi	6	Lundi	s. Tranq.	24	26
18	Octidi	7	Mardi	ste Aubie.	25	27
19	Nonidi	8	Merc.	ste Élisab.	26	28
20	*Decadi*	9	Jeudi	s. Cyrille	27	29
21	Prim.	10	Vend.	ste Félicité	28	30
22	Duodi	11	Sam.	Tr. s. B.	29	1
23	Tridi	12	7 *D.*	s. Gualb.	30	2
24	Quart.	13	Lundi	s. Turiaf	1 Juillet.	3
25	Quint.	14	Mardi	s. Bonav.	2	4
26	Sextidi	15	Merc.	s. Henri	3	5
27	Septidi	16	Jeudi	s. Eustate	4	6
28	Octidi	17	Vend.	s. Spérat	5	7
29	Nonidi	18	Sam.	s. Clair, é.	6	8
30	*Decadi*	19	8 *D.*	s. Vincent	7	9

STYLE DÉCAD.	THERMIDOR.	STYLE GRÉGOR.		JUILLET-AOUT.		STYLE JULIEN.		Age de la lune.
1	Prim.	20	Juillet 1801.	Lundi	ste Marg.	8	Juillet 1801.	10
2	Duodi	21		Mardi	s. Victor	9		11
3	Tridi	22		Merc.	ste Magd.	10		12
4	Quart.	23		Jeudi	s. Apoll.	11		13
5	Quint.	24		Vend.	ste Christ.	12		14
6	Sextidi	25		Sam.	s. Jacq. m.	13		15
7	Septidi	26		9 *D.*	s. Christ.	14		16
8	Octidi	27		Lundi	s. George	15		17
9	Nonidi	28		Mardi	ste Anne	16		18
10	*Decadi*	29		Merc.	s. Loup	17		19
11	Prim.	30		Jeudi	s. Abdon	18		20
12	Duodi	31		Vend.	s. Germ.	19		21
13	Tridi	1	Août.	Sam.	s. Pi. ès-l.	20		22
14	Quart.	2		10 *D.*	s. Étienne	21		23
15	Quint.	3		Lundi	Inv. s. Ét.	22		24
16	Sextidi	4		Mardi	Sus. ste Cr.	23		25
17	Septidi	5		Merc.	s. Domin.	24		26
18	Octidi	6		Jeudi	Tr. N. S.	25		27
19	Nonidi	7		Vend.	s. Gaëtan	26		28
20	*Decadi*	8		Sam.	s. Justin	27		29
21	Prim.	9		11 *D.*	s. Romain	28		30
22	Duodi	10		Lundi	s. Laur.	29		1
23	Tridi	11		Mardi	S. ste Cou.	30		2
24	Quart.	12		Merc.	ste Claire	31		3
25	Quint.	13		Jeudi	s. Hippol.	1	Août.	4
26	Sextidi	14		Vend.	*Vigil.-J.*	2		5
27	Septidi	15		Sam.	ASSOMP.	3		6
28	Octidi	16		12 *D.*	s. Roch	4		7
29	Nonidi	17		Lundi	s. Mam.	5		8
30	*Decadi*	18		Mardi	ste Hélène	6		9

STYLE DÉCAD.	FRUCTIDOR.	STYLE GRÉGOR.	AOUT-SEPTEMBRE.		STYLE JULIEN.	Age de la lune.
1	Prim.	19 Août 1801.	Merc.	s. Louis, é.	7 Août 1801.	10
2	Duodi	20	Jeudi	s. Bernard	8	11
3	Tridi	21	Vend.	s. Privat	9	12
4	Quart.	22	Sam.	s. Symph.	10	13
5	Quint.	23	13 *D.*	s. Sidoine	11	14
6	Sextidi	24	Lundi	s. Barthél.	12	15
7	Septidi	25	Mardi	s. Louis	13	16
8	Octidi	26	Merc.	s. Zéphir.	14	17
9	Nonidi	27	Jeudi	s. Césaire	15	18
10	*Decadi*	28	Vend.	s. August.	16	19
11	Prim.	29	Sam.	D. s. J.-B.	17	20
12	Duodi	30	14 *D.*	s. Fiacre	18	21
13	Tridi	31	Lundi	s. Médéric	19	22
14	Quart.	1 Septembre.	Mardi	s. L. s. G.	20	23
15	Quint.	2	Merc.	s. Lazare	21	24
16	Sextidi	3	Jeudi	s. Grégoi.	22	25
17	Septidi	4	Vend.	s^te^ Rosalie	23	26
18	Octidi	5	Sam.	s. Bertin	24	27
19	Nonidi	6	15 *D.*	s. Onésip.	25	28
20	*Decadi*	7	Lundi	s. Cloud	26	29
21	Prim.	8	Mardi	NAT. N. D.	27	1
22	Duodi	9	Merc.	s. Omer	28	2
23	Tridi	10	Jeudi	s. Nic. T.	29	3
24	Quart.	11	Vend.	s. Patient	30	4
25	Quint.	12	Sam.	s. Serdot	31	5
26	Sextidi	13	16 *D.*	s. Mauril.	1 Septembre.	6
27	Septidi	14	Lundi	Ex. s^te^ Cr.	2	7
28	Octidi	15	Mardi	s. Nicom.	3	8
29	Nonidi	16	Merc.	*Quatre-T.*	4	9
30	*Decadi*	17	Jeudi	s. Lamb.	5	10

STYLE DÉCAD.	JOURS COMPL.	STYLE GRÉGOR.	SEPTEMBRE.		STYLE JULIEN.	Age de la lune.
1		18 Septemb. 1801.	Vend.	s. J. Chr.	6 Septemb. 1801.	11
2		19	Sam.	s. Janvier	7	12
3		20	17 *D.*	s. Eustac.	8	13
4		21	Lundi	s. Math.	9	14
5		22	Mardi	s. Maurice	10	15

AN X.

ARTICLES PRINCIPAUX DU CALENDRIER.

Année de la Période julienne........ 6515

Depuis la première Olympiade d'Iphitus jusqu'en juillet.... 2576

De la fondation de Rome, selon Varron (Mars)............ 2555

De l'époque de Nabonassar, depuis février............... 2549

De l'Hégire ou époque des Turcs (Julienne).............. 1180

L'année 1217 des Turcs commencera le 14 floréal an 10 (4 mai 1802).

Comput ecclésiastique pour 1802.

Nombre d'or........................ 17
Épacte............................ XXVI
Cycle solaire...................... 19
Indiction romaine.................. 5
Lettre dominicale.................. C

STYLE DÉCAD.	VENDÉMIAIRE.	STYLE GRÉGOR.	SEPTEMB.-OCTOB.		STYLE JULIEN.	Age de la lune.
1	Prim.	23 Septembre 1801.	Merc.	ste Thècle	11 Septembre 1801.	16
2	Duodi	24	Jeudi	s. Andoche	12	17
3	Tridi	25	Vend.	s. Firmin	13	18
4	Quart.	26	Sam.	ste Justine	14	19
5	Quint.	27	18 *D.*	s. C. s. D.	15	20
6	Sextidi	28	Lundi	s. Céran	16	21
7	Septidi	29	Mardi	s. Michel	17	22
8	Octidi	30	Merc.	s. Jérôme	18	23
9	Nonidi	1 Octobre.	Jeudi	s. Remi	19	24
10	*Decadi*	2	Vend.	ss. Anges	20	25
11	Prim.	3	Sam.	s. Den. A.	21	26
12	Duodi	4	19 *D.*	s. Franç.	22	27
13	Tridi	5	Lundi	ste Aure	23	28
14	Quart.	6	Mardi	s. Bruno	24	29
15	Quint.	7	Merc.	s. Serge	25	30
16	Sextidi	8	Jeudi	s. Dem.	26	1
17	Septidi	9	Vend.	s. DENIS	27	2
18	Octidi	10	Sam.	s. Géréon	28	3
19	Nonidi	11	20 *D.*	s. Nicaise	29	4
20	*Decadi*	12	Lundi	s. Wilfr.	30	5
21	Prim.	13	Mardi	s. Géraud	1 Octobre.	6
22	Duodi	14	Merc.	s. Caliste	2	7
23	Tridi	15	Jeudi	ste Thérès.	3	8
24	Quart.	16	Vend.	s. Gal, ab.	4	9
25	Quint.	17	Sam.	s. Cerb.	5	10
26	Sextidi	18	21 *D.*	s. Luc, év.	6	11
27	Septidi	19	Lundi	s. Savinien	7	12
28	Octidi	20	Mardi	s. Sendou	8	13
29	Nonidi	21	Merc.	ste Ursule	9	14
30	*Decadi*	22	Jeudi	s. Mellon	10	15

STYLE DÉCAD.	BRUMAIRE.	STYLE GRÉGOR.	OCTOBRE-NOVEMB.		STYLE JULIEN.	Age de la lune.
1	Prim.	23 Octobre 1801.	Vend.	s. Hilar.	11 Octobre 1801.	16
2	Duodi	24	Sam.	s. Maglo.	12	17
3	Tridi	25	22 *D.*	s. C. s. C.	13	18
4	Quart.	26	Lundi	s. Rustiq.	14	19
5	Quint.	27	Mardi	s. Frum.	15	20
6	Sextidi	28	Merc.	s. S. s. J.	16	21
7	Septidi	29	Jeudi	s. Faron	17	22
8	Octidi	30	Vend.	s. Lucain	18	23
9	Nonidi	31	Sam.	*Vigil.-J.*	19	24
10	*Decadi*	1 Novembre.	23 *D.*	TOUSS.	20	25
11	Prim.	2	Lundi	MORTS	21	26
12	Duodi	3	Mardi	s. Marcel	22	27
13	Tridi	4	Merc.	s. Charles	23	28
14	Quart.	5	Jeudi	ste Bertile	24	29
15	Quint.	6	Vend.	s. Léonard	25	1
16	Sextidi	7	Sam.	s. Willeb.	26	2
17	Septidi	8	24 *D.*	stes Reliq.	27	3
18	Octidi	9	Lundi	s. Mathur.	28	4
19	Nonidi	10	Mardi	s. Léon	29	5
20	*Decadi*	11	Merc.	s. Martin	30	6
21	Prim.	12	Jeudi	s. René	31	7
22	Duodi	13	Vend.	s. Gend.	1 Novembre.	8
23	Tridi	14	Sam.	s. Mart. p.	2	9
24	Quart.	15	25 *D.*	s. Eugène	3	10
25	Quint.	16	Lundi	s. Eucher	4	11
26	Sextidi	17	Mardi	s. Agnan	5	12
27	Septidi	18	Merc.	ste Aude	6	13
28	Octidi	19	Jeudi	ste Élisab.	7	14
29	Nonidi	20	Vend.	s. Edmo.	8	15
30	*Decadi*	21	Sam.	Pr. N. D.	9	16

STYLE DÉCAD.	FRIMAIRE.	STYLE GRÉGOR.	NOVEMBRE-DÉC.		STYLE JULIEN.	Age de la lune.
1	Prim.	22 Novembre 1801.	26 *D.*	ste Cécile	10 Novembre 1801.	17
2	Duodi	23	Lundi	s. Clément	11	18
3	Tridi	24	Mardi	s. Severin	12	19
4	Quart.	25	Merc.	ste Cather.	13	20
5	Quint.	26	Jeudi	ste Genev.	14	21
6	Sextidi	27	Vend.	s. Vital	15	22
7	Septidi	28	Sam.	s. Sosthè.	16	23
8	Octidi	29	1 *D.*	*Avent*	17	24
9	Nonidi	30	Lundi	s. André	18	25
10	*Decadi*	1 Décembre.	Mardi	s. Éloi	19	26
11	Prim.	2	Merc.	s. Mirocl.	20	27
12	Duodi	3	Jeudi	s. Fr. Xav.	21	28
13	Tridi	4	Vend.	ste Barbe	22	29
14	Quart.	5	Sam.	s. Sabas	23	30
15	Quint.	6	2 *D.*	s. Nicolas	24	1
16	Sextidi	7	Lundi	ste Fare	25	2
17	Septidi	8	Mardi	CONCEP.	26	3
18	Octidi	9	Merc.	ste Gorgo.	27	4
19	Nonidi	10	Jeudi	ste Valère	28	5
20	*Decadi*	11	Vend.	s. Fuscien	29	6
21	Prim.	12	Sam.	s. Damas.	30	7
22	Duodi	13	3 *D.*	ste Luce	1 Décembre.	8
23	Tridi	14	Lundi	s. Nicaise	2	9
24	Quart.	15	Mardi	s. Memin	3	10
25	Quint.	16	Merc.	*Quatre-T.*	4	11
26	Sextidi	17	Jeudi	s. Olym.	5	12
27	Septidi	18	Vend.	s. Gatien	6	13
28	Octidi	19	Sam.	ste Meuris	7	14
29	Nonidi	20	4 *D.*	s. Philog.	8	15
30	*Decadi*	21	Lundi	s. Thomas	9	16

STYLE DÉCAD.	NIVÔSE.	STYLE GRÉGOR.		DÉCEMBRE-JANV.		STYLE JULIEN.		Age de la lune.
1	Prim.	22	Décembre 1801.	Mardi	s. Ischyr.	10	Décembre 1801.	17
2	Duodi	23		Merc.	s. Yves	11		18
3	Tridi	24		Jeudi	*Vigiles-J.*	12		19
4	Quart.	25		Vend.	NOEL	13		20
5	Quint.	26		Sam.	s. Étienne	14		21
6	Sextidi	27		*Dim.*	s. Jean, é.	15		22
7	Septidi	28		Lundi	ss. Innoc.	16		23
8	Octidi	29		Mardi	s. Th. C.	17		24
9	Nonidi	30		Merc.	ste Colom.	18		25
10	*Decadi*	31		Jeudi	s. Sylvest.	19		26
11	Prim.	1	Janvier 1802.	Vend.	CIRCONC.	20		27
12	Duodi	2		Sam.	s. Basile	21		28
13	Tridi	3		*Dim.*	ste Genev.	22		29
14	Quart.	4		Lundi	s. Rigob.	23		1
15	Quint.	5		Mardi	s. Siméon	24		2
16	Sextidi	6		Merc.	ÉPIPHAN.	25		3
17	Septidi	7		Jeudi	s. Théau	26		4
18	Octidi	8		Vend.	s. Lucien	27		5
19	Nonidi	9		Sam.	s. Pierre	28		6
20	*Decadi*	10		1 *D.*	s. Paul	29		7
21	Prim.	11		Lundi	s. Hygin	30		8
22	Duodi	12		Mardi	s. Arcade	31		9
23	Tridi	13		Merc.	B. N. S.	1	Janvier 1802.	10
24	Quart.	14		Jeudi	s. Hilaire	2		11
25	Quint.	15		Vend.	s. Maur	3		12
26	Sextidi	16		Sam.	s. Guillau.	4		13
27	Septidi	17		2 *D.*	s. Antoine	5		14
28	Octidi	18		Lundi	Ch. s. Pi.	6		15
29	Nonidi	19		Mardi	s. Sulpice	7		16
30	*Decadi*	20		Merc.	s. Sébast.	8		17

STYLE DÉCAD.	PLUVIÔSE.	STYLE GRÉGOR. Janvier 1802.	JANVIER-FÉVRIER.		STYLE JULIEN. Janvier 1802.	Age de la lune.
1	Prim.	21	Jeudi	ste Agnès	9	18
2	Duodi	22	Vend.	s. Vincent	10	19
3	Tridi	23	Sam.	s. Ildéf.	11	20
4	Quart.	24	3 *D.*	s. Babyl.	12	21
5	Quint.	25	Lundi	C. s. Paul	13	22
6	Sextidi	26	Mardi	ste Paule	14	23
7	Septidi	27	Merc.	s. Julien	15	24
8	Octidi	28	Jeudi	s. Cyrille	16	25
9	Nonidi	29	Vend.	s. F. de S.	17	26
10	*Decadi*	30	Sam.	ste Bathil.	18	27
11	Prim.	31	4 *D.*	s. Pi. N.	19	28
12	Duodi	1 Février,	Lundi	s. Ignace	20	29
13	Tridi	2	Mardi	PURIFIC.	21	30
14	Quart.	3	Merc.	s. Blaise	22	1
15	Quint.	4	Jeudi	s. Philéas	23	2
16	Sextidi	5	Vend.	ste Agathe	24	3
17	Septidi	6	Sam.	s. Vast	25	4
18	Octidi	7	5 *D.*	s. Romu.	26	5
19	Nonidi	8	Lundi	s. J. de M.	27	6
20	*Decadi*	9	Mardi	ste Apoll.	28	7
21	Prim.	10	Merc.	ste Scolas.	29	8
22	Duodi	11	Jeudi	s. Severin	30	9
23	Tridi	12	Vend.	s. Mélèce	31	10
24	Quart.	13	Sam.	ste Eulal.	1 Février.	11
25	Quint.	14	*Dim.*	*Septuag.*	2	12
26	Sextidi	15	Lundi	s. Valen.	3	13
27	Septidi	16	Mardi	s. Faustin	4	14
28	Octidi	17	Merc.	s. Gabin	5	15
29	Nonidi	18	Jeudi	s. Siméon	6	16
30	*Decadi*	19	Vend.	s. Moyse	7	17

STYLE DÉCAD.	VENTÔSE.	STYLE GRÉGOR.	FÉVRIER-MARS.		STYLE JULIEN.	Age de la lune.
1	Prim.	20 Février 1802.	Sam.	s. Lezin	8 Février 1802.	18
2	Duodi	21	*Dim.*	*Sexagés.*	9	19
3	Tridi	22	Lundi	s. Prétex.	10	20
4	Quart.	23	Mardi	s. Damien	11	21
5	Quint.	24	Merc.	s. Math.	12	22
6	Sextidi	25	Jeudi	s. Alexis	13	23
7	Septidi	26	Vend.	ste Hono.	14	24
8	Octidi	27	Sam.	s. Porph.	15	25
9	Nonidi	28	*Dim.*	*Quinq.*	16	26
10	*Decadi*	1 Mars.	Lundi	s. Aubin	17	27
11	Prim.	2	Mardi	ste Cunég.	18	28
12	Duodi	3	Merc.	*Cendres*	19	29
13	Tridi	4	Jeudi	s. Casim.	20	30
14	Quart.	5	Vend.	Les 5 Pl.	21	1
15	Quint.	6	Sam.	s. Godeg.	22	2
16	Sextidi	7	1 *D.*	*Quadr.*	23	3
17	Septidi	8	Lundi	s. J. de D.	24	4
18	Octidi	9	Mardi	ste Franç.	25	5
19	Nonidi	10	Merc.	*Quatre-T.*	26	6
20	*Decadi*	11	Jeudi	40 Mart.	27	7
21	Prim.	12	Vend.	s. Pol, év.	28	8
22	Duodi	13	Sam.	s. Lubin	1 Mars.	9
23	Tridi	14	2 *D.*	*Reminisc.*	2	10
24	Quart.	15	Lundi	s. Tranq.	3	11
25	Quint.	16	Mardi	s. Abrah.	4	12
26	Sextidi	17	Merc.	ste Gertr.	5	13
27	Septidi	18	Jeudi	s. Alex.	6	14
28	Octidi	19	Vend.	s. Joseph	7	15
29	Nonidi	20	Sam.	s. Joach.	8	16
30	*Decadi*	21	3 *D.*	*Oculi*	9	17

STYLE DÉCAD.	GERMINAL.	STYLE GRÉGOR.	MARS-AVRIL.		STYLE JULIEN.	Age de la lune.
1	Prim.	22 Mars 1802.	Lundi	s. Epaph.	10 Mars 1802.	18
2	Duodi	23	Mardi	s. Victor	11	19
3	Tridi	24	Merc.	s. Simon	12	20
4	Quart.	25	Jeudi	ANNONC.	13	21
5	Quint.	26	Vend.	s. Leudg.	14	22
6	Sextidi	27	Sam.	s. Rupert	15	23
7	Septidi	28	4 *D.*	*Lætare*	16	24
8	Octidi	29	Lundi	s. Eustase	17	25
9	Nonidi	30	Mardi	s. Rieul, é.	18	26
10	*Decadi*	31	Merc.	s. Acace	19	27
11	Prim.	1 Avril.	Jeudi	s. Hugues	20	28
12	Duodi	2	Vend.	s. F. de P.	21	29
13	Tridi	3	Sam.	s. Richard	22	1
14	Quart.	4	5 *D.*	*Passion*	23	2
15	Quint.	5	Lundi	s. Vin. F.	24	3
16	Sextidi	6	Mardi	s. Prud.	25	4
17	Septidi	7	Merc.	s. Hégés.	26	5
18	Octidi	8	Jeudi	ste Mar. é.	27	6
19	Nonidi	9	Vend.	Compass.	28	7
20	*Decadi*	10	Sam.	s. Léon	29	8
21	Prim.	11	6 *D.*	*Rameaux*	30	9
22	Duodi	12	Lundi	s. Perpét.	31	10
23	Tridi	13	Mardi	s. Herm.	1 Avril.	11
24	Quart.	14	Merc.	s. Tibur.	2	12
25	Quint.	15	Jeudi	s. Paterne	3	13
26	Sextidi	16	Vend.	*Vend. S.*	4	14
27	Septidi	17	Sam.	s. Anicet	5	15
28	Octidi	18	*Dim.*	PASQUE.	6	16
29	Nonidi	19	Lundi	s. Elpheg.	7	17
30	*Decadi*	20	Mardi	s. Hildeg.	8	18

STYLE DÉCAD.	FLORÉAL.	STYLE GRÉGOR.	AVRIL-MAI.		STYLE JULIEN.	Age de la lune.
1		21 Avril 1802.	Merc.	s. Ansel.	9 Avril 1802.	19
2		22	Jeudi	s[te] Oport.	10	20
3	•	23	Vend.	s. George	11	21
4		24	Sam.	s[te] Beuve	12	22
5		25	1 *D.*	*Quasim.*	13	23
6		26	Lundi	s. Clet	14	24
7		27	Mardi	s. Polyc.	15	25
8	•	28	Merc.	s. Vital	16	26
9		29	Jeudi	s. Robert	17	27
10		30	Vend.	s. Eutrop.	18	28
11		1 Mai.	Sam.	s. J. s. Ph.	19	29
12		2	2 *D.*	s. Athan.	20	1
13	•	3	Lundi	Inv. s[te] C.	21	2
14		4	Mardi	s[te] Moniq.	22	3
15		5	Merc.	C. s. A.	23	4
16		6	Jeudi	s. J. P. L.	24	5
17		7	Vend.	s. Stanisl.	25	6
18	•	8	Sam.	s. Désiré	26	7
19		9	3 *D.*	s. G. de N.	27	8
20		10	Lundi	s. Gord.	28	9
21		11	Mardi	s. Mam.	29	10
22		12	Merc.	s. Nérée	30	11
23	•	13	Jeudi	s[te] Onési.	1 Mai.	12
24		14	Vend.	s. Servais	2	13
25		15	Sam.	s. Isidore	3	14
26		16	4 *D.*	s. Honoré	4	15
27		17	Lundi	s. Paschal	5	16
28	•	18	Mardi	s. Éric	6	17
29		19	Merc.	s[te] Célest.	7	18
30		20	Jeudi	s. Bernard	8	19

STYLE DÉCAD.	PRAIRIAL.	STYLE GRÉGOR.	MAI-JUIN.		STYLE JULIEN.	Age de la lune.
1		21 Mai 1802.	Vend.	s. Hospic.	9 Mai 1802.	20
2		22	Sam.	ste Julie	10	21
3	•	23	5 *D.*	s Didier	11	22
4		24	Lundi	*Rogations*	12	23
5		25	Mardi	s. Urbain	13	24
6		26	Merc.	s. Clet	14	25
7		27	Jeudi	ASCENS.	15	26
8	•	28	Vend.	s. Germ.	16	27
9		29	Sam.	s. Maxim.	17	28
10		30	6 *D.*	s. Félix	18	29
11		31	Lundi	ste Pétron.	19	30
12		1 Juin.	Mardi	s. Pamp.	20	1
13	•	2	Merc.	s. Pothin	21	2
14		3	Jeudi	ste Clotil.	22	3
15		4	Vend.	s. Optat	23	4
16		5	Sam.	*Vigil.-J.*	24	5
17		6	*Dim.*	PENTEC.	25	6
18	•	7	Lundi	s. Paul, ar.	26	7
19		8	Mardi	s. Médard	27	8
20		9	Merc.	*Quatre-T.*	28	9
21		10	Jeudi	s. Landry	29	10
22		11	Vend.	s. Barna.	30	11
23	•	12	Sam.	s. Justin.	31	12
24		13	1 *D.*	*Trinité*	1 Juin.	13
25		14	Lundi	s. Ruffin	2	14
26		15	Mardi	s. Guy	3	15
27		16	Merc.	s. Cyr	4	16
28	•	17	Jeudi	FÊTE-D.	5	17
29		18	Vend.	ste Marine	6	18
30		19	Sam.	s. Gervais	7	19

L 4

STYLE DÉCAD.	MESSIDOR.	STYLE GRÉGOR.	JUIN-JUILLET.		STYLE JULIEN.	Age de la lune.
1		20 Juin 1802.	2 *D.*	s. Sylvère	8 Juin 1802.	20
2		21	Lundi	s. Leufroi	9	21
3	•	22	Mardi	s. Paulin	10	22
4		23	Merc.	*Vigil.-J.*	11	23
5		24	Jeudi	N. s. J.-B.	12	24
6		25	Vend.	s. Prosper	13	25
7		26	Sam.	s. Babol.	14	26
8	∘	27	3 *D.*	s. Ladisl.	15	27
9		28	Lundi	*Vigil.-J.*	16	28
10		29	Mardi	s. Pi. s. P.	17	29
11		30	Merc.	Com. s. P.	18	1
12		1 Juillet.	Jeudi	s. Martial	19	2
13	∘	2	Vend.	Vis. N. D.	20	3
14		3	Sam.	s. Anato.	21	4
15		4	4 *D.*	Tr. s. Ma.	22	5
16		5	Lundi	ste Zoé	23	6
17		6	Mardi	s. Tranq.	24	7
18	•	7	Merc.	ste Aubie.	25	8
19		8	Jeudi	ste Élisab.	26	9
20		9	Vend.	s. Cyrille	27	10
21		10	Sam.	ste Félicité	28	11
22		11	5 *D.*	Tr. s. B.	29	12
23	•	12	Lundi	s. Gualb.	30	13
24		13	Mardi	s. Turiaf	1 Juillet.	14
25		14	Merc.	s. Bonav.	2	15
26		15	Jeudi	s. Henri	3	16
27		16	Vend.	s. Eustate	4	17
28	•	17	Sam.	s. Sperat	5	18
29		18	6 *D.*	s. Clair, é.	6	19
30		19	Lundi	s. Vincent	7	20

STYLE DÉCAD.	THERMIDOR.	STYLE GRÉGOR.	JUILLET-AOUT.		STYLE JULIEN.	Age de la lune.
1		20 Juillet 1802.	Mardi	ste Marg.	8 Juillet 1802.	21
2		21	Merc.	s. Victor	9	22
3	•	22	Jeudi	ste Magd.	10	23
4		23	Vend.	s. Apoll.	11	24
5		24	Sam.	ste Christ.	12	25
6		25	7 *D.*	s. Jacq. m.	13	26
7		26	Lundi	s. Christ.	14	27
8	•	27	Mardi	s. George	15	28
9		28	Merc.	ste Anne	16	29
10		29	Jeudi	s. Loup	17	30
11		30	Vend.	s. Abdon	18	1
12		31	Sam.	s. Germ.	19	2
13	•	1 Août.	8 *D.*	s. Pi. ès-l.	20	3
14		2	Lundi	s. Étienne	21	4
15		3	Mardi	Inv. s. Ét.	22	5
16		4	Merc.	Sus. ste Cr.	23	6
17		5	Jeudi	s. Domin.	24	7
18	•	6	Vend.	Tr. N. S.	25	8
19		7	Sam.	s. Gaëtan	26	9
20		8	9 *D.*	s. Justin	27	10
21		9	Lundi	s. Romain	28	11
22		10	Mardi	s. Laur.	29	12
23	•	11	Merc.	S. ste Cou.	30	13
24		12	Jeudi	ste Claire	31	14
25		13	Vend.	s. Hippol.	1 Août.	15
26		14	Sam.	*Vigiles-J.*	2	16
27		15	10 *D.*	ASSOMP.	3	17
28	•	16	Lundi	s. Napol.	4	18
29		17	Mardi	s. Mam.	5	19
30		18	Merc.	ste Hélène	6	20

STYLE DÉCAD.	FRUCTIDOR.	STYLE GRÉGOR.	AOUT-SEPTEMBRE.		STYLE JULIEN.	Age de la lune.
1		19 Août 1802.	Jeudi	s. Louis, é.	7 Août 1802.	21
2		20	Vend.	s. Bernard	8	22
3	•	21	Sam.	s. Privat	9	23
4		22	11 *D.*	s. Symph.	10	24
5		23	Lundi	s. Sidoine	11	25
6		24	Mardi	s. Barthél.	12	26
7		25	Merc.	s. Louis	13	27
8	•	26	Jeudi	s. Zéphir.	14	28
9		27	Vend.	s. Césaire	15	29
10		28	Sam.	s. August.	16	1
11		29	12 *D.*	D. s. J. B.	17	2
12		30	Lundi	s. Fiacre	18	3
13	•	31	Mardi	s. Médéric	19	4
14		1 Septembre.	Merc.	s. L. s. G.	20	5
15		2	Jeudi	s. Lazare	21	6
16		3	Vend.	s. Grégoi.	22	7
17		4	Sam.	s[te] Rosalie	23	8
18	•	5	13 *D.*	s. Bertin	24	9
19		6	Lundi	s. Onésip.	25	10
20		7	Mardi	s. Cloud	26	11
21		8	Merc.	NAT. N. D.	27	12
22		9	Jeudi	s. Omer	28	13
23	∘	10	Vend.	s. Nic. T.	29	14
24		11	Sam.	s. Patient	30	15
25		12	14 *D.*	s. Serdot	31	16
26		13	Lundi	s. Mauril.	1 Septembre.	17
27		14	Mardi	Ex. s[te] Cr.	2	18
28	•	15	Merc.	*Quatre-T.*	3	19
29		16	Jeudi	s. Cypr.	4	20
30		17	Vend.	s. Lamb.	5	21

STYLE DÉCAD.	JOURS COMPL.	STYLE GRÉGOR.	SEPTEMBRE.		STYLE JULIEN.	Âge de la lune.
1		18 Septemb. 1802.	Sam.	s. J. Chr.	6 Septemb. 1802.	22
2		19	15 *D.*	s. Janvier	7	23
3		20	Lundi	s. Eustac.	8	24
4		21	Mardi	s. Math.	9	25
5		22	Merc.	s. Maurice	10	26

AN XI.

ARTICLES PRINCIPAUX DU CALENDRIER.

Année de la Période julienne........ 6516
Depuis la première Olympiade d'Iphitus jusqu'en juillet.... 2577
De la fondation de Rome, selon Varron (Mars)........... 2556
De l'époque de Nabonassar, depuis février............... 2550
De l'Hégire ou époque des Turcs (Julienne)................ 1181

L'année 1218 des Turcs commencera le 2 floréal an 11 (22 avril 1803).

Comput ecclésiastique pour 1803.

Nombre d'or......................	18
Épacte...........................	VII
Cycle solaire....................	20
Indiction romaine................	6
Lettre dominicale................	B.

STYLE DÉCAD.	VENDÉMIAIRE.	STYLE GRÉGOR.	SEPTEMB.—OCTOB.		STYLE JULIEN.	Âge de la lune.
1		23 Septembre 1802.	Jeudi	ste Thècle	11 Septembre 1802.	27
2		24	Vend.	s. And.	12	28
3	•	25	Sam.	s. Firmin	13	29
4		26	16 *D.*	ste Justine	14	30
5		27	Lundi	s. C. s. D.	15	1
6		28	Mardi	s. Céran	16	2
7		29	Merc.	s. Michel	17	3
8	•	30	Jeudi	s. Jérôme	18	4
9		1 Octobre.	Vend.	s. Remi	19	5
10		2	Sam.	ss. Anges	20	6
11		3	17 *D.*	s. Den. A.	21	7
12		4	Lundi	s. Franç.	22	8
13	•	5	Mardi	ste Aure	23	9
14		6	Merc.	s. Bruno	24	10
15		7	Jeudi	s. Serge	25	11
16		8	Vend.	s. Dem.	26	12
17		9	Sam.	s. Denis	27	13
18	•	10	18 *D.*	s. Géréon	28	14
19		11	Lundi	s. Nicaise	29	15
20		12	Mardi	s. Wilfr.	30	16
21		13	Merc.	s. Géraud	1 Octobre.	17
22		14	Jeudi	s. Caliste	2	18
23	•	15	Vend.	ste Thérès.	3	19
24		16	Sam.	s. Gal, ab.	4	20
25		17	19 *D.*	s. Cerb.	5	21
26		18	Lundi	s. Luc, é.	6	22
27		19	Mardi	s. Savini.	7	23
28	•	20	Merc.	s. Sendou	8	24
29		21	Jeudi	ste Ursule	9	25
30		22	Vend.	s. Mellon	10	26

STYLE DÉCAD.	BRUMAIRE.	STYLE GRÉGOR.		OCTOBRE-NOVEMB.		STYLE JULIEN.		Age de la lune.
1		23	Octobre 1802.	Sam.	s. Hilar.	11	Octobre 1802.	27
2		24		20 *D.*	s. Maglo.	12		28
3		25		Lundi	s. C. s. C.	13		29
4		26		Mardi	s. Rustiq.	14		30
5		27		Merc.	s. Frum.	15		1
6		28		Jeudi	s. S. s. J.	16		2
7		29		Vend.	s. Faron	17		3
8		30		Sam.	*Vigil.-J.*	18		4
9		31		21 *D.*	s. Lucain	19		5
10		1	Novembre.	Lundi	TOUSS.	20		6
11		2		Mardi	MORTS.	21		7
12		3		Merc.	s. Marcel	22		8
13		4		Jeudi	s. Charles	23		9
14		5		Vend.	ste. Bertile	24		10
15		6		Sam.	s. Léonard	25		11
16		7		22 *D.*	s. Willeb.	26		12
17		8		Lundi	stes Reliq.	27		13
18		9		Mardi	s. Mathu.	28		14
19		10		Merc.	s. Léon	29		15
20		11		Jeudi	s. Martin	30		16
21		12		Vend.	s. René	31		17
22		13		Sam.	s. Gend.	1	Novembre.	18
23		14		23 *D.*	s. Mart. p.	2		19
24		15		Lundi	s. Eugène	3		20
25		16		Mardi	s. Eucher	4		21
26		17		Merc.	s. Agnan	5		22
27		18		Jeudi	ste Aude	6		23
28		19		Vend.	ste Élisab.	7		24
29		20		Sam.	s. Edmo.	8		25
30		21		24 *D.*	Pr. N. D.	9		26

STYLE DÉCAD.	FRIMAIRE.	STYLE GRÉGOR.	NOVEMBRE-DÉC.		STYLE JULIEN.	Age de la lune.
1		22 Novembre 1802.	Lundi	ste Cécile	10 Novembre 1802.	27
2		23	Mardi	s. Clément	11	28
3	.	24	Merc.	s. Severin	12	29
4		25	Jeudi	ste Cather.	13	1
5		26	Vend.	ste Genev.	14	2
6		27	Sam.	s. Vital.	15	3
7		28	1 *D.*	*Avent*	16	4
8	.	29	Lundi	s. Saturn.	17	5
9		30	Mardi	s. André	18	6
10		1 Décembre.	Merc.	s. Éloi	19	7
11		2	Jeudi	s. Mirocl.	20	8
12		3	Vend.	s. Fr. Xav.	21	9
13	.	4	Sam.	ste Barbe	22	10
14		5	2 *D.*	s. Sabas	23	11
15		6	Lundi	s. Nicolas	24	12
16		7	Mardi	ste Fare	25	13
17		8	Merc.	CONCEP.	26	14
18	.	9	Jeudi	ste Gorgo.	27	15
19		10	Vend.	ste Valère	28	16
20		11	Sam.	s. Fuscien	29	17
21		12	3 *D.*	s. Damas	30	18
22		13	Lundi	ste Luce	1 Décembre.	19
23	.	14	Mardi	s. Nicaise	2	20
24		15	Merc.	*Quatre-T.*	3	21
25		16	Jeudi	ste Adél.	4	22
26		17	Vend.	ste Olym.	5	23
27		18	Sam.	s. Gatien	6	24
28	.	19	4 *D.*	ste Meuris	7	25
29		20	Lundi	s. Philog.	8	26
30		21	Mardi	s. Thomas	9	27

STYLE DÉCAD.	NIVÔSE.	STYLE GRÉGOR.	DÉCEMBRE-JANV.		STYLE JULIEN.	Age de la lune.
1		22 Décembre 1802.	Merc.	s. Ischyr.	10 Décembre 1802.	28
2		23	Jeudi	s. Yves	11	29
3	.	24	Vend.	*Vigiles-J.*	12	30
4		25	Sam.	NOEL	13	1
5		26	*Dim.*	s. Étienne	14	2
6		27	Lundi	s. Jean, é.	15	3
7		28	Mardi	ss. Innoc.	16	4
8	.	29	Merc.	s. Th. C.	17	5
9		30	Jeudi	ste Colom.	18	6
10		31	Vend.	s. Sylvest.	19	7
11		1 Janvier 1803.	Sam.	CIRCONC.	20	8
12		2	*Dim.*	s. Basile	21	9
13	.	3	Lundi	ste Genev.	22	10
14		4	Mardi	s. Rigob.	23	11
15		5	Merc.	s. Siméon	24	12
16		6	Jeudi	ÉPIPHAN.	25	13
17		7	Vend.	s. Théau	26	14
18	.	8	Sam.	s. Lucien	27	15
19		9	1 *D.*	s. Pierre	28	16
20		10	Lundi	s. Paul	29	17
21		11	Mardi	s. Hygin	30	18
22		12	Merc.	s. Arcade	31	19
23	.	13	Jeudi	B. N. S.	1 Janvier 1803.	20
24		14	Vend.	s. Hilaire	2	21
25		15	Sam.	s. Maur	3	22
26		16	2 *D.*	s. Guilla.	4	23
27		17	Lundi	s. Antoine	5	24
28	.	18	Mardi	Ch. s. P.	6	25
29		19	Merc.	s. Sulpice	7	26
30		20	Jeudi	s. Sébast.	8	27

STYLE DÉCAD.	PLUVIÔSE.	STYLE GRÉGOR.	JANVIER-FÉVRIER.		STYLE JULIEN.	Age de la lune.
1		21 Janvier 1803.	Vend.	ste Agnès	9 Janvier 1803.	28
2		22	Sam.	s. Vincent	10	29
3	.	23	3 *D.*	s. Ildéf.	11	1
4		24	Lundi	s. Babyl.	12	2
5		25	Mardi	C. s. Paul	13	3
6		26	Merc.	ste Paule	14	4
7		27	Jeudi	s. Julien	15	5
8	.	28	Vend.	s. Cyrille	16	6
9		29	Sam.	s. F. de S.	17	7
10		30	4 *D.*	ste Bathil.	18	8
11		31	Lundi	s. Pi. N.	19	9
12		1 Février.	Mardi	s. Ignace	20	10
13	.	2	Merc.	PURIFIC.	21	11
14		3	Jeudi	s. Blaise	22	12
15		4	Vend.	s. Philéas	23	13
16		5	Sam.	ste Agathe	24	14
17		6	*Dim.*	*Septuag.*	25	15
18	.	7	Lundi	s. Romu.	26	16
19		8	Mardi	s. J. de M.	27	17
20		9	Merc.	ste Apoll.	28	18
21		10	Jeudi	ste Scolas.	29	19
22		11	Vend.	s. Séverin	30	20
23	.	12	Sam.	s. Mélèce	31	21
24		13	*Dim.*	*Sexagés.*	1 Février.	22
25		14	Lundi	s. Lezin	2	23
26		15	Mardi	s. Valen.	3	24
27		16	Merc.	s. Faustin	4	25
28	.	17	Jeudi	s. Gabin	5	26
29		18	Vend.	s. Siméon	6	27
30		19	Sam.	s. Moyse	7	28

STYLE DÉCAD.	VENTÔSE.	STYLE GRÉGOR.	FÉVRIER-MARS.		STYLE JULIEN.	Age de la lune.
1		20 Février 1803.	*Dim.*	*Quinq.*	8 Février 1803.	29
2		21	Lundi	s. Flavien	9	30
3	•	22	Mardi	s. Prétex.	10	1
4		23	Merc.	*Cendres*	11	2
5		24	Jeudi	s. Math.	12	3
6		25	Vend.	Les 5 Pl.	13	4
7		26	Sam.	ste Honor.	14	5
8	•	27	1 *D.*	*Quadrag.*	15	6
9		28	Lundi	s. Rom.	16	7
10		1 Mars.	Mardi	s. Aubin	17	8
11		2	Merc.	*Quatre-T.*	18	9
12		3	Jeudi	s. Simpl.	19	10
13	•	4	Vend.	s. Casim.	20	11
14		5	Sam.	s. Draus.	21	12
15		6	2 *D.*	*Reminisc.*	22	13
16		7	Lundi	s. Perpét.	23	14
17		8	Mardi	s. J. de D.	24	15
18	•	9	Merc.	ste Franç.	25	16
19		10	Jeudi	s. Doct.	26	17
20		11	Vend.	40 Mart.	27	18
21		12	Sam.	s. Pol, év.	28	19
22		13	3 *D.*	*Oculi*	1 Mars.	20
23	•	14	Lundi	s. Tranq.	2	21
24		15	Mardi	s. Zachar.	3	22
25		16	Merc.	s. Abrah.	4	23
26		17	Jeudi	ste Gertr.	5	24
27		18	Vend.	s. Alex.	6	25
28	•	19	Sam.	s. Joseph	7	26
29		20	4 *D.*	s. Joach.	8	27
30		21	Lundi	s. Benoît	9	28

STYLE DÉCAD.	GERMINAL.	STYLE GRÉGOR.	MARS-AVRIL.		STYLE JULIEN.	Age de la lune.
1		22 Mars 1803.	Mardi	s. Epaph.	10 Mars 1803.	29
2		23	Merc.	s. Victor	11	1
3	•	24	Jeudi	s. Simon	12	2
4		25	Vend.	ANNONC.	13	3
5		26	Sam.	s. Leugd.	14	4
6		27	5 *D.*	*Passion*	15	5
7		28	Lundi	s. Gontr.	16	6
8	•	29	Mardi	s. Eustase	17	7
9		30	Merc.	s. Rieul, é.	18	8
10		31	Jeudi	s. Acace	19	9
11		1 Avril.	Vend.	s. Hugues	20	10
12		2	Sam.	s. F. de P.	21	11
13	•	3	6 *D.*	*Rameaux*	22	12
14		4	Lundi	s. Ambr.	23	13
15		5	Mardi	s. Vin. F.	24	14
16		6	Merc.	s. Prud.	25	15
17		7	Jeudi	s. Hégés.	26	16
18	•	8	Vend.	*Vend. S.*	27	17
19		9	Sam.	s. Macai.	28	18
20		10	*Dim.*	PASQUE	29	19
21		11	Lundi	s. Jules.	30	20
22		12	Mardi	s. Perpét.	31	21
23	•	13	Merc.	s. Herm.	1 Avril.	22
24		14	Jeudi	s. Tibur.	2	23
25		15	Vend.	s. Patern.	3	24
26		16	Sam.	s. Fruct.	4	25
27		17	1 *D.*	*Quasim.*	5	26
28	•	18	Lundi	s. Anicet	6	27
29		19	Mardi	s. Parfait	7	28
30		20	Merc.	s. Elpheg.	8	29

STYLE DÉCAD.	FLORÉAL.	STYLE GRÉGOR.	AVRIL-MAI.		STYLE JULIEN.	Age de la lune.
1		21 Avril 1803.	Jeudi	s. Anselm.	9 Avril 1803.	30
2		22	Vend.	ste Oport.	10	1
3		23	Sam.	s. George	11	2
4		24	2 *D.*	ste Beuve	12	3
5		25	Lundi	s. Marc	13	4
6		26	Mardi	s. Clet	14	5
7		27	Merc.	s. Polyc.	15	6
8		28	Jeudi	s. Vital	16	7
9		29	Vend.	s. Robert	17	8
10		30	Sam.	s. Eutrop.	18	9
11		1 Mai.	3 *D.*	s. J. s. Ph.	19	10
12		2	Lundi	s. Athan.	20	11
13		3	Mardi	Inv. ste C.	21	12
14		4	Merc.	ste Moniq.	22	13
15		5	Jeudi	C. s. A.	23	14
16		6	Vend.	s. J. P. L.	24	15
17		7	Sam.	s. Stanisl.	25	16
18		8	4 *D.*	s. Désiré	26	17
19		9	Lundi	s. G. de N.	27	18
20		10	Mardi	s. Gord.	28	19
21		11	Merc.	s. Mam.	29	20
22		12	Jeudi	s. Nérée	30	21
23		13	Vend.	ste Onési.	1 Mai.	22
24		14	Sam.	s. Servais	2	23
25		15	5 *D.*	s. Isidore	3	24
26		16	Lundi	*Rogations*	4	25
27		17	Mardi	s. Honoré	5	26
28		18	Merc.	s. Pascal	6	27
29		19	Jeudi	ASCENS.	7	28
30		20	Vend.	s. Bernard	8	29

STYLE DÉCAD.	PRAIRIAL.	STYLE GRÉGOR.	MAI-JUIN.		STYLE JULIEN.	Age de la lune.
1		21 Mai 1803.	Sam.	s. Hospic.	9 Mai 1803.	1
2		22	6 *D.*	ste Julie	10	2
3	•	23	Lundi	s. Didier	11	3
4		24	Mardi	s. Donat.	12	4
5		25	Merc.	s. Urbain	13	5
6		26	Jeudi	s. Ph. de N.	14	6
7		27	Vend.	s. Jean, p.	15	7
8	•	28	Sam.	*Vigiles-J.*	16	8
9		29	*Dim.*	PENTEC.	17	9
10		30	Lundi	s. Félix	18	10
11		31	Mardi	ste Pétro.	19	11
12		1 Juin.	Merc.	*Quatre-T.*	20	12
13	•	2	Jeudi	s. Pothin	21	13
14		3	Vend.	ste Clotild.	22	14
15		4	Sam.	s. Optat	23	15
16		5	1 *D.*	*Trinité*	24	16
17		6	Lundi	s. Norb.	25	17
18	•	7	Mardi	s. Paul, ar.	26	18
19		8	Merc.	s. Médard	27	19
20		9	Jeudi	FÊTE-D.	28	20
21		10	Vend.	s. Landry	29	21
22		11	Sam.	s. Barna.	30	22
23	•	12	2 *D.*	s. Justin	31	23
24		13	Lundi	s. Ant. P.	1 Juin.	24
25		14	Mardi	s. Ruffin	2	25
26		15	Merc.	s. Guy	3	26
27		16	Jeudi	*Oct. F. D.*	4	27
28	•	17	Vend.	s. Avit	5	28
29		18	Sam.	ste Marine	6	29
30		19	3 *D.*	s. Gervais	7	1

STYLE DÉCAD.	MESSIDOR.	STYLE GRÉGOR.	JUIN-JUILLET.		STYLE JULIEN.	Age de la lune.
1		20 Juin 1803.	Lundi	s. Sylvère	8 Juin 1803.	2
2		21	Mardi	s. Leufroi	9	3
3	.	22	Merc.	s. Paulin	10	4
4		23	Jeudi	*Vigiles-J.*	11	5
5		24	Vend.	N. s. J.-B.	12	6
6		25	Sam.	s. Prosp.	13	7
7		26	4 *D.*	s. Babol.	14	8
8	.	27	Lundi	s. Ladisl.	15	9
9		28	Mardi	*Vigiles-J.*	16	10
10		29	Merc.	s. Pi. s. P.	17	11
11		30	Jeudi	Com. s. P.	18	12
12		1 Juillet.	Vend.	s. Martial	19	13
13	.	2	Sam.	Vis. N. D.	20	14
14		3	5 *D.*	s. Anato.	21	15
15		4	Lundi	Tr. s. Ma.	22	16
16		5	Mardi	ste Zoé	23	17
17		6	Merc.	s. Tranq.	24	18
18	.	7	Jeudi	ste Aubie.	25	19
19		8	Vend.	ste Élisab.	26	20
20		9	Sam.	s. Cyrille	27	21
21		10	6 *D.*	ste Félicité	28	22
22		11	Lundi	Tr. s. B.	29	23
23	.	12	Mardi	s. Gualb.	30	24
24		13	Merc.	s. Turiaf	1 Juillet.	25
25		14	Jeudi	s. Bonav.	2	26
26		15	Vend.	s. Henri	3	27
27		16	Sam.	s. Eustate	4	28
28	.	17	7 *D.*	s. Spérat	5	29
29		18	Lundi	s. Clair, é.	6	30
30		19	Mardi	s. Vincent	7	1

STYLE DÉCAD.	THERMIDOR.	STYLE GRÉGOR.	JUILLET-AOUT.		STYLE JULIEN.	Age de la lune.
1		20 Juillet 1803.	Merc.	ste Marg.	8 Juillet 1803.	2
2		21	Jeudi	s. Victor	9	3
3	•	22	Vend.	ste Magd.	10	4
4		23	Sam.	s. Apoll.	11	5
5		24	8 *D.*	ste Christ.	12	6
6		25	Lundi	s. Jacq. m.	13	7
7		26	Mardi	s. Christ.	14	8
8	•	27	Merc.	s. George	15	9
9		28	Jeudi	ste Anne	16	10
10		29	Vend.	s. Loup	17	11
11		30	Sam.	s. Abdon	18	12
12		31	9 *D.*	s. Germ.	19	13
13	•	1 Août.	Lundi	s. Pi. ès-l.	20	14
14		2	Mardi	s. Étienne	21	15
15		3	Merc.	Inv. s. Ét.	22	16
16		4	Jeudi	Sus. ste Cr.	23	17
17		5	Vend.	s. Domin.	24	18
18	•	6	Sam.	Tr. N. S.	25	19
19		7	10 *D.*	s. Gaëtan	26	20
20		8	Lundi	s. Justin	27	21
21		9	Mardi	s. Romain	28	22
22		10	Merc.	s. Laur.	29	23
23	•	11	Jeudi	S. ste Cou.	30	24
24		12	Vend.	ste Claire	31	25
25		13	Sam.	*Vigil.-J.*	1 Août.	26
26		14	11 *D.*	s. Hippol.	2	27
27		15	Lundi	ASSOMP.	3	28
28	•	16	Mardi	s. Napol.	4	29
29		17	Merc.	s. Mam.	5	1
30		18	Jeudi	ste Hélène	6	2

STYLE DÉCAD.	FRUCTIDOR.	STYLE GRÉGOR.	AOUT-SEPTEMBRE.		STYLE JULIEN.	Age de la lune.
1		19 Août 1803.	Vend.	s. Louis, é.	7 Août 1803.	3
2		20	Sam.	s. Bernard	8	4
3	∘	21	12 *D.*	s. Privat	9	5
4		22	Lundi	s. Symph.	10	6
5		23	Mardi	s. Sidoine	11	7
6		24	Merc.	s. Barthél.	12	8
7		25	Jeudi	s. Louis.	13	9
8	∘	26	Vend.	s. Zéphir.	14	10
9		27	Sam.	s. Césaire	15	11
10		28	13 *D.*	s. August.	16	12
11		29	Lundi	D. s. J.-B.	17	13
12		30	Mardi	s. Fiacre	18	14
13	•	31	Merc.	s. Médéric	19	15
14		1 Septembre.	Jeudi	s. L. s. G.	20	16
15		2	Vend.	s. Lazare	21	17
16		3	Sam.	s. Grégoi.	22	18
17		4	14 *D.*	s^te Rosalie	23	19
18	•	5	Lundi	s. Bertin	24	20
19		6	Mardi	s. Onésip.	25	21
20		7	Merc.	s. Cloud	26	22
21		8	Jeudi	NAT. N. D.	27	23
22		9	Vend.	s. Omer	28	24
23	•	10	Sam.	s. Nic. T.	29	25
24		11	15 *D.*	s. Patient	30	26
25		12	Lundi	s. Serdot	31	27
26		13	Mardi	s. Mauril.	1 Septembre.	28
27		14	Merc.	Ex. s^te Cr.	2	29
28	•	15	Jeudi	s. Nicom.	3	30
29		16	Vend	s. Cypr.	4	1
30		17	Sam.	s. Lamb.	5	2

STYLE DÉCAD.	JOURS COMPL.	STYLE GRÉGOR. Septemb. 1803.	SEPTEMBRE.		STYLE JULIEN. Septemb. 1803.	Age de la lune.
1		18	16 *D.*	s. J. Chr.	6	3
2		19	Lundi	s. Janvier	7	4
3		20	Mardi	s. Eustac.	8	5
4		21	Merc.	*Quatre-T.*	9	6
5		22	Jeudi	s. Maurice	10	7
6		23	Vend.	ste Thècle	11	8

AN XII.

ARTICLES PRINCIPAUX DU CALENDRIER.

Année de la Période julienne........ 6517

Depuis la première Olympiade d'Iphitus jusqu'en juillet.... 2578

De la fondation de Rome, selon Varron (Mars)............ 2557

De l'époque de Nabonassar, depuis février.............. 2551

De l'Hégire ou époque des Turcs (Julienne)............... 1182

L'année 1219 des Turcs commencera le 22 germinal an 12 (12 avril 1804).

Comput ecclésiastique pour 1804.

Nombre d'or.......................... 19
Épacte.............................. XVIII
Cycle solaire........................ 21
Indiction romaine..................... 7
Lettre dominicale.................... A G

STYLE DÉCAD.	VENDÉMIAIRE.	STYLE GRÉGOR.	SEPTEMB.-OCTOB.		STYLE JULIEN.	Age de la lune.
1		24 Septembre 1803.	Sam.	s. Andoche	12 Septembre 1801.	9
2		25	17 *D.*	s. Firmin	13	10
3		26	Lundi	ste Justine	14	11
4		27	Mardi	s. C. s. D.	15	12
5		28	Merc.	s. Céran	16	13
6		29	Jeudi	s. Michel	17	14
7		30	Vend.	s. Jérôme	18	15
8		1 Octobre.	Sam.	s. Remi	19	16
9		2	18 *D.*	ss. Anges	20	17
10		3	Lundi	s. Den. A.	21	18
11		4	Mardi	s. Franç.	22	19
12		5	Merc.	ste Aure	23	20
13		6	Jeudi	s. Bruno	24	21
14		7	Vend.	s. Serge	25	22
15		8	Sam.	s. Dem.	26	23
16		9	19 *D.*	s. DENIS	27	24
17		10	Lundi	s. Géréon	28	25
18		11	Mardi	s. Nicaise	29	26
19		12	Merc.	s. Wilfr.	30	27
20		13	Jeudi	s. Géraud	1 Octobre.	28
21		14	Vend.	s. Caliste	2	29
22		15	Sam.	ste Thérès.	3	30
23		16	20 *D.*	s. Gal, ab.	4	1
24		17	Lundi	s. Cerb.	5	2
25		18	Mardi	s. Luc, év.	6	3
26		19	Merc.	s. Savinien	7	4
27		20	Jeudi	s. Sendou	8	5
28		21	Vend.	ste Ursule	9	6
29		22	Sam.	s. Mellon	10	7
30		23	21 *D.*	s. Hilar.	11	8

N

STYLE DÉCAD.	BRUMAIRE.	STYLE GRÉGOR.	OCTOBRE-NOVEMB.		STYLE JULIEN.	Age de la lune.
1		24 Octobre 1803.	Lundi	s. Maglo.	12 Octobre 1803.	9
2		25	Mardi	s. C. s. C.	13	10
3	•	26	Merc.	s. Rustiq.	14	11
4		27	Jeudi	s. Frum.	15	12
5		28	Vend.	s. S. s. J.	16	13
6		29	Sam.	s. Faron	17	14
7		30	22 *D.*	s. Lucain	18	15
8	•	31	Lundi	*Vigil. J.*	19	16
9		1 Novembre.	Mardi	TOUSS.	20	17
10		2	Merc.	MORTS.	21	18
11		3	Jeudi	s. Marcel	22	19
12		4	Vend.	s. Charles	23	20
13	•	5	Sam.	ste. Bertile	24	21
14		6	23 *D.*	s. Léonard	25	22
15		7	Lundi	s. Willeb.	26	23
16		8	Mardi	stes Reliq.	27	24
17		9	Merc.	s. Mathu.	28	25
18	•	10	Jeudi	s. Léon	29	26
19		11	Vend.	s. Martin	30	27
20		12	Sam.	s. René	31	28
21		13	24 *D.*	s. Gend.	1 Novembre.	29
22		14	Lundi	s. Mart. p.	2	1
23	•	15	Mardi	s. Eugène	3	2
24		16	Merc.	s. Eucher	4	3
25		17	Jeudi	s. Agnan	5	4
26		18	Vend.	ste Aude	6	5
27		19	Sam.	ste Élisab.	7	6
28	•	20	25 *D.*	s. Edmo.	8	7
29		21	Lundi	Pr. N. D.	9	8
30		22	Mardi	ste Cécile	10	9

STYLE DÉCAD.	FRIMAIRE.	STYLE GRÉGOR.	NOVEMBRE-DÉC.		STYLE JULIEN.	Age de la lune.
1		23 Novembre 1803.	Merc.	s. Clément	11 Novembre 1803.	10
2		24	Jeudi	s. Severin	12	11
3		25	Vend.	ste Cather.	13	12
4		26	Sam.	ste Genev.	14	13
5		27	1 *D.*	*Avent*	15	14
6		28	Lundi	s. Sosthè.	16	15
7		29	Mardi	s. Saturn.	17	16
8		30	Merc.	s. André	18	17
9		1 Décembre.	Jeudi	s. Éloi	19	18
10		2	Vend.	s. Mirocl.	20	19
11		3	Sam.	s. Fr. Xav.	21	20
12		4	2 *D.*	ste Barbe	22	21
13		5	Lundi	s. Sabas	23	22
14		6	Mardi	s. Nicolas	24	23
15		7	Merc.	ste Fare	25	24
16		8	Jeudi	CONCEP.	26	25
17		9	Vend.	ste Gorgo.	27	26
18		10	Sam.	ste Valère	28	27
19		11	3 *D.*	s. Fuscien	29	28
20		12	Lundi	s. Damas.	30	29
21		13	Mardi	ste Luce	1 Décembre.	30
22		14	Merc.	*Quatre-T.*	2	1
23		15	Jeudi	s. Memin	3	2
24		16	Vend.	ste Adél.	4	3
25		17	Sam.	s. Olym.	5	4
26		18	4 *D.*	s. Gatien	6	5
27		19	Lundi	ste Meuris	7	6
28		20	Mardi	s. Philog.	8	7
29		21	Merc.	s. Thomas	9	8
30		22	Jeudi	s. Ischyr.	10	9

STYLE DÉCAD.	NIVÔSE.	STYLE GRÉGOR.	DÉCEMBRE-JANV.		STYLE JULIEN.	Age de la lune.
1		23 Décembre 1803.	Vend.	s. Yves	11 Décembre 1803.	10
2		24	Sam.	*Vigiles-J.*	12	11
3	•	25	*Dim.*	NOEL	13	12
4		26	Lundi	s. Étienne	14	13
5		27	Mardi	s. Jean, é.	15	14
6		28	Merc.	ss. Innoc.	16	15
7		29	Jeudi	s. Th. C.	17	16
8	•	30	Vend.	s^te Colom.	18	17
9		31	Sam.	s. Sylvest.	19	18
10		1 Janvier 1804.	*Dim.*	CIRCONC.	20	19
11		2	Lundi	s. Basile	21	20
12		3	Mardi	s^te Genev.	22	21
13	•	4	Merc.	s. Rigob.	23	22
14		5	Jeudi	s. Siméon	24	23
15		6	Vend.	ÉPIPHAN.	25	24
16		7	Sam.	s. Théau	26	25
17		8	1 *D.*	s. Lucien	27	26
18	•	9	Lundi	s. Pierre	28	27
19		10	Mardi	s. Paul	29	28
20		11	Merc.	s. Hygin	30	29
21		12	Jeudi	s. Arcade	31	30
22		13	Vend.	B. N. S.	1 Janvier 1804.	1
23	•	14	Sam.	s. Hilaire	2	2
24		15	2 *D.*	s. Maur	3	3
25		16	Lundi	s. Guillau.	4	4
26		17	Mardi	s. Antoine	5	5
27		18	Merc.	Ch. s. Pi.	6	6
28	•	19	Jeudi	s. Sulpice	7	7
29		20	Vend.	s. Sébast.	8	8
30		21	Sam.	s^te Agnès	9	9

STYLE DÉCAD.	PLUVIÔSE.	STYLE GRÉGOR.	JANVIER-FÉVRIER.		STYLE JULIEN.	Age de la lune.
1		22 Janvier 1804.	3 D.	s. Vincent	10 Janvier 1804.	10
2		23	Lundi	s. Ildéf.	11	11
3	•	24	Mardi	s. Babyl.	12	12
4		25	Merc.	C. s. Paul	13	13
5		26	Jeudi	s^te^ Paule	14	14
6		27	Vend.	s. Julien	15	15
7		28	Sam.	s. Cyrille	16	16
8	•	29	*Dim.*	*Septuag.*	17	17
9		30	Lundi	s^te^ Bathil.	18	18
10		31	Mardi	s. Pi. N.	19	19
11		1 Février.	Merc.	s. Ignace	20	20
12		2	Jeudi	PURIFIC.	21	21
13	•	3	Vend.	s. Blaise	22	22
14		4	Sam.	s. Philéas	23	23
15		5	*Dim.*	*Sexagés.*	24	24
16		6	Lundi	s. Vast	25	25
17		7	Mardi	s. Romu.	26	26
18	•	8	Merc.	s. J. de M.	27	27
19		9	Jeudi	s^te^ Apoll.	28	28
20		10	Vend.	s^te^ Scolas.	29	29
21		11	Sam.	s. Severin	30	1
22		12	*Dim.*	*Quinq.*	31	2
23	•	13	Lundi	s^te^ Eulal.	1 Février.	3
24		14	Mardi	s. Lezin	2	4
25		15	Merc.	*Cendres*	3	5
26		16	Jeudi	s. Valen.	4	6
27		17	Vend.	Les 5 Pl.	5	7
28	•	18	Sam.	s. Siméon	6	8
29		19	1 D.	*Quadr.*	7	9
30		20	Lundi	s. Didier	8	10

STYLE DÉCAD.	VENTÔSE.	STYLE GRÉGOR.	FÉVRIER-MARS.		STYLE JULIEN.	Age de la lune.
1		21 février 1804.	Mardi	s. Flavien	9 février 1804	11
2		22	Merc.	*Quatre-T.*	10	12
3	•	23	Jeudi	s. Prétex.	11	13
4		24	Vend.	s. Damien	12	14
5		25	Sam.	s. Math.	13	15
6		26	2 *D.*	*Reminisc.*	14	16
7		27	Lundi	ste Hono.	15	17
8	°	28	Mardi	s. Porph.	16	18
9		29	Merc.	s. Rom.	17	19
10		1 Mars.	Jeudi	s. Aubin	18	20
11		2	Vend.	ste Cunég.	19	21
12		3	Sam.	s. Simpl.	20	22
13	°	4	3 *D.*	*Oculi*	21	23
14		5	Lundi	s. Draus.	22	24
15		6	Mardi	s. Godeg.	23	25
16		7	Merc.	s. Perpét.	24	26
17		8	Jeudi	s. J. de D.	25	27
18	•	9	Vend.	ste Franç.	26	28
19		10	Sam.	s. Doct.	27	29
20		11	4 *D.*	*Lœtare*	28	30
21		12	Lundi	s. Pol, év.	29	1
22		13	Mardi	s. Lubin	1 Mars.	2
23	•	14	Merc.	s. Tranq.	2	3
24		15	Jeudi	s. Abrah.	3	4
25		16	Vend.	ste Gertr.	4	5
26		17	Sam.	s. Alex.	5	6
27		18	5 *D.*	*Passion*	6	7
28	•	19	Lundi	s. Joseph	7	8
29		20	Mardi	s. Joach.	8	9
30		21	Merc.	s. Benoît	9	10

STYLE DÉCAD.	GERMINAL.	STYLE GRÉGOR.	MARS-AVRIL.		STYLE JULIEN.	Age de la lune.
1		22 Mars 1804.	Jeudi	s. Epaph.	10 Mars 1804.	11
2		23	Vend.	Compass.	11	12
3	.	24	Sam.	s. Simon	12	13
4		25	6 *D.*	*Rameaux*	13	14
5		26	Lundi	s. Leudg.	14	15
6		27	Mardi	s. Rupert	15	16
7		28	Merc.	s. Gontr.	16	17
8	.	29	Jeudi	s. Eustase	17	18
9		30	Vend.	*Vend. S.*	18	19
10		31	Sam.	s. Acace	19	20
11		1 Avril.	*Dim.*	PASQUE.	20	21
12		2	Lundi	s. F. de P.	21	22
13	.	3	Mardi	s. Richard	22	23
14		4	Merc.	s. Ambr.	23	24
15		5	Jeudi	s. Vin. F.	24	25
16		6	Vend.	s. Prud.	25	26
17		7	Sam.	s. Hégés.	26	27
18	.	8	1 *D.*	*Quasim.*	27	28
19		9	Lundi	ANNONC.	28	29
20		10	Mardi	s. Léon	29	1
21		11	Merc.	s. Jules	30	2
22		12	Jeudi	s. Perpét.	31	3
23	.	13	Vend.	s. Herm.	1 Avril.	4
24		14	Sam.	s. Tibur.	2	5
25		15	2 *D.*	s. Paterne	3	6
26		16	Lundi	s. Fruct.	4	7
27		17	Mardi	s. Anicet	5	8
28	.	18	Merc.	s. Parfait	6	9
29		19	Jeudi	s. Elpheg.	7	10
30		20	Vend.	s. Hildeg.	8	11

STYLE DÉCAD.	FLORÉAL.	STYLE GRÉGOR.	AVRIL-MAI.		STYLE JULIEN.	Âge de la lune.
1		21 Avril 1804.	Sam.	s. Ansel.	9 Avril 1804.	12
2		22	3 *D.*	s[te] Oport.	10	13
3	•	23	Lundi	s. George	11	14
4		24	Mardi	s[te] Beuve	12	15
5		25	Merc.	s. Marc	13	16
6		26	Jeudi	s. Clet	14	17
7		27	Vend.	s. Polyc.	15	18
8	•	28	Sam.	s. Vital	16	19
9		29	4 *D.*	s. Robert	17	20
10		30	Lundi	s. Eutrop.	18	21
11		1 Mai.	Mardi	s. J. s. Ph.	19	22
12		2	Merc.	s. Athan.	20	23
13	•	3	Jeudi	Inv. s[te] C.	21	24
14		4	Vend.	s[te] Moniq.	22	25
15		5	Sam.	C. s. A.	23	26
16		6	5 *D.*	s. J. P. L.	24	27
17		7	Lundi	*Rogations*	25	28
18	•	8	Mardi	s. Désiré	26	29
19		9	Merc.	s. Grég.	27	30
20		10	Jeudi	ASCENS.	28	1
21		11	Vend.	s. Mam.	29	2
22		12	Sam.	s. Nérée	30	3
23	•	13	6 *D.*	s[te] Onési.	1 Mai.	4
24		14	Lundi	s. Servais	2	5
25		15	Mardi	s. Isidore	3	6
26		16	Merc.	s. Honoré	4	7
27		17	Jeudi	s. Paschal	5	8
28	•	18	Vend.	s. Éric	6	9
29		19	Sam.	*Vigil.-J.*	7	10
30		20	*Dim.*	PENTEC.	8	11

STYLE DÉCAD.	PRAIRIAL.	STYLE GRÉGOR.	MAI-JUIN.		STYLE JULIEN.	Age de la lune.
1		21 Mai 1804.	Lundi	s. Hospic.	9 Mai 1804.	12
2		22	Mardi	ste Julie	10	13
3	.	23	Merc.	*Quatre-T.*	11	14
4		24	Jeudi	s. Donat.	12	15
5		25	Vend.	s. Urbain	13	16
6		26	Sam.	s. Ph. d. N.	14	17
7		27	1 *D.*	*Trinité*	15	18
8	.	28	Lundi	s. Germ.	16	19
9		29	Mardi	s. Maxim.	17	20
10		30	Merc.	s. Félix	18	21
11		31	Jeudi	Fête-D.	19	22
12		1 Juin.	Vend.	s. Pamp.	20	23
13	.	2	Sam.	s. Pothin	21	24
14		3	2 *D.*	ste Clotil.	22	25
15		4	Lundi	s. Optat	23	26
16		5	Mardi	s. Boniface	24	27
17		6	Merc.	s. Norb.	25	28
18	.	7	Jeudi	*Oct. F. D.*	26	29
19		8	Vend.	s. Médard	27	1
20		9	Sam.	s. Basilid	28	2
21		10	3 *D.*	s. Landry	29	3
22		11	Lundi	s. Barna.	30	4
23	.	12	Mardi	s. Justin	31	5
24		13	Merc.	s. Ant. P.	1 Juin.	6
25		14	Jeudi	s. Ruffin	2	7
26		15	Vend.	s. Guy	3	8
27		16	Sam.	s. Cyr	4	9
28	.	17	4 *D.*	s. Avit	5	10
29		18	Lundi	ste Marine	6	11
30		19	Mardi	s. Gervais	7	12

STYLE DÉCAD.	MESSIDOR.	STYLE GRÉGOR.	JUIN-JUILLET.		STYLE JULIEN.	Age de la lune.
1		20 Juin 1804.	Merc.	s. Sylvère	8 Juin 1804.	13
2		21	Jeudi	s. Leufroi	9	14
3	.	22	Vend.	s. Paulin	10	15
4		23	Sam.	*Vigil.-J.*	11	16
5		24	5 *D.*	N. s. J.-B.	12	17
6		25	Lundi	s. Prosper	13	18
7		26	Mardi	s. Babol.	14	19
8	.	27	Merc.	s. Ladisl.	15	20
9		28	Jeudi	*Vigil.-J.*	16	21
10		29	Vend.	s. Pi. s. P.	17	22
11		30	Sam.	Com. s. P.	18	23
12		1 Juillet.	6 *D.*	s. Martial	19	24
13	.	2	Lundi	Vis. N. D.	20	25
14		3	Mardi	s. Anato.	21	26
15		4	Merc.	Tr. s. Ma.	22	27
16		5	Jeudi	ste Zoé	23	28
17		6	Vend.	s. Tranq.	24	29
18	.	7	Sam.	ste Aubie.	25	1
19		8	7 *D.*	ste Élisab.	26	2
20		9	Lundi	s. Cyrille	27	3
21		10	Mardi	ste Félicité	28	4
22		11	Merc.	Tr. s. B.	29	5
23	.	12	Jeudi	s. Gualb.	30	6
24		13	Vend.	s. Turiaf	1 Juillet.	7
25		14	Sam.	s. Bonav.	2	8
26		15	8 *D.*	s. Henri	3	9
27		16	Lundi	s. Eustate	4	10
28	.	17	Mardi	s. Sperat	5	11
29		18	Merc.	s. Clair, é.	6	12
30		19	Jeudi	s. Vincent	7	13

STYLE DÉCAD.	THERMIDOR.	STYLE GRÉGOR.	JUILLET-AOUT.		STYLE JULIEN.	Âge de la lune.
1		20 Juillet 1804.	Vend.	s^te^ Marg.	8 Juillet 1804.	14
2		21	Sam.	s. Victor	9	15
3		22	9 *D.*	s^te^ Magd.	10	16
4		23	Lundi	s. Apoll.	11	17
5		24	Mardi	s^te^ Christ.	12	18
6		25	Merc.	s. Jacq. m.	13	19
7		26	Jeudi	s. Christ.	14	20
8		27	Vend.	s. George	15	21
9		28	Sam.	s^te^ Anne	16	22
10		29	10 *D.*	s. Loup	17	23
11		30	Lundi	s. Abdon	18	24
12		31	Mardi	s. Germ.	19	25
13		1 Août.	Merc.	s. Pi. ès-l.	20	26
14		2	Jeudi	s. Étienne	21	27
15		3	Vend.	Inv. s. Ét.	22	28
16		4	Sam.	Sus. s^te^ Cr.	23	29
17		5	11 *D.*	s. Domin.	24	30
18		6	Lundi	Tr. N. S.	25	1
19		7	Mardi	s. Gaëtan	26	2
20		8	Merc.	s. Justin	27	3
21		9	Jeudi	s. Romain	28	4
22		10	Vend.	s. Laur.	29	5
23		11	Sam.	S. s^te^ Con.	30	6
24		12	12 *D.*	s^te^ Claire	31	7
25		13	Lundi	s. Hippol.	1 Août.	8
26		14	Mardi	*Vigiles-J.*	2	9
27		15	Merc.	ASSOMP.	3	10
28		16	Jeudi	s. Napol.	4	11
29		17	Vend.	s. Mam.	5	12
30		18	Sam.	s^te^ Hélène	6	13

STYLE DÉCAD.	FRUCTIDOR.	STYLE GRÉGOR.	AOUT-SEPTEMBRE.		STYLE JULIEN.	Age de la lune.
1		19 Août 1804.	13 *D.*	s. Louis, é.	7 Août 1804.	14
2		20	Lundi	s. Bernard	8	15
3	•	21	Mardi	s. Privat	9	16
4		22	Merc.	s. Symph.	10	17
5		23	Jeudi	s. Sidoine	11	18
6		24	Vend.	s. Barthél.	12	19
7		25	Sam.	s. Louis	13	20
8	•	26	14 *D.*	s. Zéphir	14	21
9		27	Lundi	s. Césaire	15	22
10		28	Mardi	s. August.	16	23
11		29	Merc	D. s. J.-B.	17	24
12		30	Jeudi	s. Fiacre	18	25
13	•	31	Vend.	s. Médéric	19	26
14		1 Septembre.	Sam.	s. L. s. G.	20	27
15		2	15 *D.*	s. Lazare	21	28
16		3	Lundi	s. Grégoi.	22	29
17		4	Mardi	ste Rosalie	23	1
18	•	5	Merc.	s. Bertin	24	2
19		6	Jeudi	s. Onésip.	25	3
20		7	Vend.	s. Cloud	26	4
21		8	Sam.	Nat. N. D.	27	5
22		9	16 *D.*	s. Omer	28	6
23	•	10	Lundi	s. Nic. T.	29	7
24		11	Mardi	s. Patient	30	8
25		12	Merc.	s. Serdot	31	9
26		13	Jeudi	s. Mauril.	1 Septembre.	10
27		14	Vend.	Ex. ste Cr.	2	11
28	•	15	Sam.	s. Nicom.	3	12
29		16	17 *D.*	s. Cypr.	4	13
30		17	Lundi	s. Lamb.	5	14

STYLE DÉCAD.	JOURS COMPL.	STYLE GRÉGOR.		SEPTEMBRE.		STYLE JULIEN.		Age de la lune.
1		18	Septemb. 1804.	Mardi	s. J. Chr.	6	Septemb. 1804.	15
2		19		Merc.	*Quatre-T.*	7		16
3		20		Jeudi	s. Eustac.	8		17
4		21		Vend.	s. Math.	9		18
5		22		Sam.	s. Maurice	10		19

AN XIII.

ARTICLES PRINCIPAUX DU CALENDRIER.

ANNÉE de la Période julienne........ 6518

Depuis la première Olympiade d'Iphitus jusqu'en juillet.... 2579

De la fondation de Rome, selon Varron (Mars)............ 2558

De l'époque de Nabonassar, depuis février................ 2552

De l'Hégire ou époque des Turcs (Julienne)................ 1183

L'année 1220 des Turcs commencera le 11 germinal an 13 (1er avril 1805).

Comput ecclésiastique pour 1805.

Nombre d'or............................ I
Épacte.................................. *
Cycle solaire........................... 22
Indiction romaine...................... 8
Lettre dominicale...................... F

STYLE DÉCAD.	VENDÉMIAIRE.	STYLE GRÉGOR.	SEPTEMB.—OCTOB.		STYLE JULIEN.	Age de la lune.
1		23 Septembre 1804.	18 *D.*	ste Thècle	11 Septembre 1804.	20
2		24	Lundi	s. And.	12	21
3	•	25	Mardi	s. Firmin	13	22
4		26	Merc.	ste Justine	14	23
5		27	Jeudi	s. C. s. D.	15	24
6		28	Vend.	s. Céran	16	25
7		29	Sam.	s. Michel	17	26
8	•	30	19 *D.*	s. Jérôme	18	27
9		1 Octobre.	Lundi	s. Remi	19	28
10		2	Mardi	ss. Anges	20	29
11		3	Merc.	s. Den. A.	21	30
12		4	Jeudi	s. Franç.	22	1
13	•	5	Vend.	ste Aure	23	2
14		6	Sam.	s. Bruno	24	3
15		7	20 *D.*	s. Serge	25	4
16		8	Lundi	s. Dem.	26	5
17		9	Mardi	s. DENIS	27	6
18	•	10	Merc.	s. Géréon	28	7
19		11	Jeudi	s. Nicaise	29	8
20		12	Vend.	s. Wilfr.	30	9
21		13	Sam.	s. Géraud	1 Octobre.	10
22		14	21 *D.*	s. Caliste	2	11
23	•	15	Lundi	ste Thérès.	3	12
24		16	Mardi	s. Gal, ab.	4	13
25		17	Merc.	s. Cerb.	5	14
26		18	Jeudi	s. Luc, é.	6	15
27		19	Vend.	s. Savini.	7	16
28	•	20	Sam.	s. Sendou	8	17
29		21	22 *D.*	ste Ursule	9	18
30		22	Lundi	s. Mellon	10	19

STYLE DÉCAD.	BRUMAIRE.	STYLE GRÉGOR.	OCTOBRE NOVEMB.		STYLE JULIEN.	Age de la lune.
1		23 Octobre 1804.	Mardi	s. Hilar.	11 Octobre 1804.	20
2		24	Merc.	s. Maglo.	12	21
3		25	Jeudi	s. C. s. C.	13	22
4		26	Vend.	s. Rustiq.	14	23
5		27	Sam.	s. Frum.	15	24
6		28	23 *D.*	s. S. s. J.	16	25
7		29	Lundi	s. Faron	17	26
8		30	Mardi	s. Lucain	18	27
9		31	Merc.	*Vigil. J.*	19	28
10		1 Novembre.	Jeudi	TOUSS.	20	29
11		2	Vend.	MORTS	21	1
12		3	Sam.	s. Marcel	22	2
13		4	24 *D.*	s. Charles	23	3
14		5	Lundi	ste Bertile	24	4
15		6	Mardi	s. Léonard	25	5
16		7	Merc.	s. Willeb.	26	6
17		8	Jeudi	stes Reliq.	27	7
18		9	Vend.	s. Mathur.	28	8
19		10	Sam.	s. Léon	29	9
20		11	25 *D.*	s. Martin	30	10
21		12	Lundi	s. René	31	11
22		13	Mardi	s. Gend.	1 Novembre.	12
23		14	Merc.	s. Mart. p.	2	13
24		15	Jeudi	s. Eugène	3	14
25		16	Vend.	s. Eucher	4	15
26		17	Sam.	s. Agnan	5	16
27		18	26 *D.*	ste Aude	6	17
28		19	Lundi	ste Élisab.	7	18
29		20	Mardi	s. Edmo.	8	19
30		21	Merc.	Pr. N. D.	9	20

STYLE DÉCAD.	FRIMAIRE.	STYLE GRÉGOR.		NOVEMBRE-DÉC.		STYLE JULIEN.		Age de la lune.
1		22	Novembre 1804.	Jeudi	ste Cécile	10	Novembre 1804.	21
2		23		Vend.	s. Clément	11		22
3	.	24		Sam.	s. Severin	12		23
4		25		27 *D.*	ste Cather.	13		24
5		26		Lundi	ste Genev.	14		25
6		27		Mardi	s. Vital.	15		26
7		28		Merc.	s. Sosthè.	16		27
8	.	29		Jeudi	s. Saturn.	17		28
9		30		Vend.	s, André	18		29
10		1	Décembre.	Sam.	s. Éloi	19		30
11		2		1 *D.*	*Avent*	20		1
12		3		Lundi	s. Mirocl.	21		2
13	.	4		Mardi	ste Barbe	22		3
14		5		Merc.	s. Sabas	23		4
15		6		Jeudi	s. Nicolas	24		5
16		7		Vend.	ste Fare	25		6
17		8		Sam.	CONCEP.	26		7
18	.	9		2 *D.*	ste Gorgo.	27		8
19		10		Lundi	ste Valère	28		9
20		11		Mardi	s. Fuscien	29		10
21		12		Merc.	s. Damas	30		11
22		13		Jeudi	ste Luce	1	Décembre.	12
23	.	14		Vend.	s. Nicaise	2		13
24		15		Sam.	s. Memin	3		14
25		16		3 *D.*	ste Adél.	4		15
26		17		Lundi	ste Olym.	5		16
27		18		Mardi	s. Gatien	6		17
28	.	19		Merc.	*Quatre-T.*	7		18
29		20		Jeudi	ste Meuris	8		19
30		21		Vend.	s. Thomas	9		20

STYLE DÉCAD.	NIVÔSE.	STYLE GRÉGOR.	DÉCEMBRE-JANV.		STYLE JULIEN	Age de la lune.
1		22 Décembre 1804.	Sam.	s. Ischyr.	10 Décembre 180.	21
2		23	4 *D.*	s. Yves	11	22
3	.	24	Lundi	*Vigiles-J.*	12	23
4		25	Mardi	NOEL	13	24
5		26	Merc.	s. Étienne	14	25
6		27	Jendi	s. Jean, é.	15	26
7		28	Vend	ss. Innoc.	16	27
8	.	29	Sam.	s. Th. C.	17	28
9		30	*Dim.*	ste Colom.	18	29
10		31	Lundi	s. Sylvest.	19	30
11		1 Janvier 1805	Mardi	Circonc.	20	1
12		2	Merc.	s. Basile	21	2
13	.	3	Jeudi	ste Genev	22	3
14		4	Vend.	s. Rigob.	23	4
15		5	Sam.	s. Siméon	24	5
16		6	1 *D.*	Épiphan.	25	6
17		7	Lundi	s. Théau	26	7
18	.	8	Mardi	s. Lucien	27	8
19		9	Merc.	s. Pierre	28	9
20		10	Jeudi	s. Paul	29	10
21		11	Vend.	s. Hygin	30	11
22		12	Sam.	s. Arcade	31	12
23	.	13	2 *D.*	B. N. S.	1 Janvier 1805.	13
24		14	Lundi	s. Hilaire	2	14
25		15	Mardi	s. Maur	3	15
26		16	Merc.	s. Guilla	4	16
27		17	Jeudi	s. Antoine	5	17
28	.	18	Vend.	Ch. s. P.	6	18
29		19	Sam.	s. Sulpice	7	19
30		20	3 *D.*	s. Sébast.	8	20

STYLE DÉCAD.	PLUVIÔSE.	STYLE GRÉGOR.	JANVIER-FÉVRIER.		STYLE JULIEN.	Âge de la lune.
1		21 Janvier 1805.	Lundi	ste Agnès	9 Janvier 1805.	21
2		22	Mardi	s. Vincent	10	22
3	◦	23	Merc.	s. Ildéf.	11	23
4		24	Jeudi	s. Babyl.	12	24
5		25	Vend.	C. s. Paul	13	25
6		26	Sam.	ste Paule	14	26
7		27	4 *D.*	s. Julien	15	27
8	◦	28	Lundi	s. Cyrille	16	28
9		29	Mardi	s. F. de S.	17	29
10		30	Merc.	ste Bathil.	18	1
11		31	Jeudi	s. Pi. N.	19	2
12		1 Février.	Vend.	s. Ignace	20	3
13	◦	2	Sam.	PURIFIC.	21	4
14		3	5 *D.*	s. Blaise	22	5
15		4	Lundi	s. Philéas	23	6
16		5	Mardi	ste Agathe	24	7
17		6	Merc.	s. Vast	25	8
18	○	7	Jeudi	s. Romu.	26	9
19		8	Vend.	s. J. de M.	27	10
20		9	Sam.	ste Apoll.	28	11
21		10	*Dim.*	*Septuag.*	29	12
22		11	Lundi	s. Severin	30	13
23	•	12	Mardi	s. Mélèce	31	14
24		13	Merc.	ste Eulalie	1 Février.	15
25		14	Jeudi	s. Lezin	2	16
26		15	Vend.	s. Valen.	3	17
27		16	Sam.	s. Faustin	4	18
28	•	17	*Dim.*	*Sexagés.*	5	19
29		18	Lundi	s. Siméon	6	20
30		19	Mardi	s. Moyse	7	21

STYLE DÉCAD.	VENTÔSE.	STYLE GRÉGOR.	FÉVRIER-MARS.		STYLE JULIEN.	Age de la lune.
1		20 Février 1805.	Merc.	s. Didier	8 Février 1805.	22
2		21	Jeudi	s. Flavien	9	23
3		22	Vend.	s. Prétex.	10	24
4		23	Sam.	s. Damien	11	25
5		24	*Dim.*	*Quinq.*	12	26
6		25	Lundi	s. Alexis	13	27
7		26	Mardi	ste Honor.	14	28
8		27	Merc.	*Cendres*	15	29
9		28	Jeudi	s. Rom.	16	30
10		1 Mars.	Vend.	Les 5 Pl.	17	1
11		2	Sam.	ste Cunég.	18	2
12		3	1 *D.*	*Quadrag.*	19	3
13		4	Lundi	s. Casim.	20	4
14		5	Mardi	s. Draus.	21	5
15		6	Merc.	*Quatre-T.*	22	6
16		7	Jeudi	s. Perpét.	23	7
17		8	Vend.	s. J. de D.	24	8
18		9	Sam.	ste Franç.	25	9
19		10	2 *D.*	*Reminisc.*	26	10
20		11	Lundi	40 Mart.	27	11
21		12	Mardi	s. Pol, év.	28	12
22		13	Merc.	s. Lubin	1 Mars.	13
23		14	Jeudi	s. Tranq.	2	14
24		15	Vend.	s. Abrah.	3	15
25		16	Sam.	ste Gertr.	4	16
26		17	3 *D.*	*Oculi*	5	17
27		18	Lundi	s. Alex.	6	18
28		19	Mardi	s. Joseph	7	19
29		20	Merc.	s. Joach.	8	20
30		21	Jeudi	s. Benoît	9	21

STYLE DÉCAD.	GERMINAL.	STYLE GRÉGOR.	MARS-AVRIL.		STYLE JULIEN.	Age de la lune.
1		22 Mars 1805.	Vend.	s. Epaph.	10 Mars 1805.	22
2		23	Sam.	s. Victor	11	23
3	.	24	4 *D.*	*Lœtare*	12	24
4		25	Lundi	ANNONC.	13	25
5		26	Mardi	s. Leugd.	14	26
6		27	Merc.	s. Rupert	15	27
7		28	Jeudi	s. Gontr.	16	28
8	.	29	Vend.	s. Eustase	17	29
9		30	Sam.	s. Rieul, é.	18	30
10		31	5 *D.*	*Passion*	19	1
11		1 Avril.	Lundi	s. Hugues	20	2
12		2	Mardi	s. F. de P.	21	3
13	.	3	Merc.	s. Richard	22	4
14		4	Jeudi	s. Ambr.	23	5
15		5	Vend.	Compass.	24	6
16		6	Sam.	s. Prud.	25	7
17		7	6 *D.*	*Rameaux*	26	8
18	°	8	Lundi	s^te^ Mar. é.	27	9
19		9	Mardi	s. Macai.	28	10
20		10	Merc.	s. Léon	29	11
21		11	Jeudi	s. Jules	30	12
22		12	Vend.	*Vend. S.*	31	13
23	.	13	Sam.	s. Herm.	1 Avril.	14
24		14	*Dim.*	PASQUE.	2	15
25		15	Lundi	s. Patern.	3	16
26		16	Mardi	s. Fruct.	4	17
27		17	Merc.	s. Anicet	5	18
28	.	18	Jeudi	s. Parfait	6	19
29		19	Vend.	s. Elpheg.	7	20
30		20	Sam.	s. Hildeg.	8	21

STYLE DÉCAD.	FLORÉAL.	STYLE GRÉGOR.	AVRIL-MAI.		STYLE JULIEN.	Age de la lune.
1		21 Avril 1805.	1 *D.*	*Quasim.*	9 Avril 1805.	22
2		22	Lundi	ste Oport.	10	23
3	•	23	Mardi	s. George	11	24
4		24	Merc.	ste Beuve	12	25
5		25	Jeudi	s. Marc	13	26
6		26	Vend.	s. Clet	14	27
7		27	Sam.	s. Polyc.	15	28
8	•	28	2 *D.*	s. Vital	16	29
9		29	Lundi	s. Robert	17	1
10		30	Mardi	s. Eutrop.	18	2
11		1 Mai.	Merc.	s. J. s. Ph.	19	3
12		2	Jeudi	s. Athan.	20	4
13	•	3	Vend.	Inv. ste C.	21	5
14		4	Sam.	ste Moniq.	22	6
15		5	3 *D.*	C. s. A.	23	7
16		6	Lundi	s. J. P. L.	24	8
17		7	Mardi	s. Stanisl.	25	9
18	•	8	Merc.	s. Désiré	26	10
19		9	Jeudi	s. G. de N.	27	11
20		10	Vend.	s. Gord.	28	12
21		11	Sam.	s. Mam.	29	13
22		12	4 *D.*	s. Nérée	30	14
23	•	13	Lundi	ste Onési.	1 Mai.	15
24		14	Mardi	s. Servais	2	16
25		15	Merc.	s. Isidore	3	17
26		16	Jeudi	s. Honoré	4	18
27		17	Vend.	s. Pascal	5	19
28	•	18	Sam.	s. Éric	6	20
29		19	5 *D.*	ste Célest.	7	21
30		20	Lundi	*Rogations*	8	22

STYLE DÉCAD.	PRAIRIAL.	STYLE GRÉGOR.	MAI-JUIN.		STYLE JULIEN.	Age de la lune.
1		21 Mai 1805.	Mardi	s. Hospic.	9 Mai 1805.	23
2		22	Merc.	ste Julie	10	24
3	.	23	Jeudi	ASCENS.	11	25
4		24	Vend.	s. Donat.	12	26
5		25	Sam.	s. Urbain	13	27
6		26	6 *D.*	s. Ph. de N.	14	28
7		27	Lundi	s. Jean, p.	15	29
8	.	28	Mardi	s. Germ.	16	1
9		29	Merc.	s. Maxim.	17	2
10		30	Jeudi	s. Félix	18	3
11		31	Vend.	ste Pétro.	19	4
12		1 Juin.	Sam.	*Vigiles-J.*	20	5
13	.	2	*Dim.*	PENTEC.	21	6
14		3	Lundi	ste Clotild.	22	7
15		4	Mardi	s. Optat	23	8
16		5	Merc.	*Quatre-T.*	24	9
17		6	Jeudi	s. Norb.	25	10
18	.	7	Vend.	s. Paul, ar.	26	11
19		8	Sam.	s. Médard	27	12
20		9	1 *D.*	*Trinité*	28	13
21		10	Lundi	s. Landry	29	14
22		11	Mardi	s. Barna.	30	15
23	.	12	Merc.	s. Justin	31	16
24		13	Jeudi	FÊTE-D.	1 Juin.	17
25		14	Vend.	s. Ruffin	2	18
26		15	Sam.	s. Guy	3	19
27		16	2 *D.*	s. Cyr	4	20
28	.	17	Lundi	s. Avit	5	21
29		18	Mardi	ste Marine	6	22
30		19	Merc.	s. Gervais	7	23

STYLE DÉCAD.	MESSIDOR.	STYLE GRÉGOR.	JUIN-JUILLET.		STYLE JULIEN.	Age de la lune.
1		20 Juin 1805.	Jeudi	*Oct. F. D.*	8 Juin 1805.	24
2		21	Vend.	s. Leufroi	9	25
3	•	22	Sam.	*Vigiles-J.*	10	26
4		23	3 *D.*	s. Paulin	11	27
5		24	Lundi	N. s. J.-B.	12	28
6		25	Mardi	s. Prosp.	13	29
7		26	Merc.	s. Babol.	14	30
8	•	27	Jeudi	s. Ladisl.	15	1
9		28	Vend.	*Vigiles-J.*	16	2
10		29	Sam.	s. Pi. s. P.	17	3
11		30	4 *D.*	Com. s. P.	18	4
12		1 Juillet.	Lundi	s. Martial	19	5
13	•	2	Mardi	Vis. N. D.	20	6
14		3	Merc.	s. Anato.	21	7
15		4	Jeudi	Tr. s. Ma.	22	8
16		5	Vend.	ste Zoé	23	9
17		6	Sam.	s. Tranq.	24	10
18	•	7	5 *D.*	ste Aubie.	25	11
19		8	Lundi	ste Élisab.	26	12
20		9	Mardi	s. Cyrille	27	13
21		10	Merc.	ste Félicité	28	14
22		11	Jeudi	Tr. s. B.	29	15
23	•	12	Vend.	s. Gualb.	30	16
24		13	Sam.	s. Turiaf	1 Juillet.	17
25		14	6 *D.*	s. Bonav.	2	18
26		15	Lundi	s. Henri	3	19
27		16	Mardi	s. Eustate	4	20
28	•	17	Merc.	s. Spérat	5	21
29		18	Jeudi	s. Clair, é.	6	22
30		19	Vend.	s. Vincent	7	23

STYLE DÉCAD.	THERMIDOR.	STYLE GRÉGOR.	JUILLET-AOUT.		STYLE JULIEN.	Age de la lune.
1		20 Juillet 1805.	Sam.	ste Marg.	8 Juillet 1805.	24
2		21	7 *D.*	s. Victor	9	25
3	.	22	Lundi	ste Magd.	10	26
4		23	Mardi	s. Apoll.	11	27
5		24	Merc.	ste Christ.	12	28
6		25	Jeudi	s. Jacq. m.	13	29
7		26	Vend.	s. Christ.	14	1
8	.	27	Sam.	s. George	15	2
9		28	8 *D.*	ste Anne	16	3
10		29	Lundi	s. Loup	17	4
11		30	Mardi	s. Abdon	18	5
12		31	Merc.	s. Germ.	19	6
13	.	1 Août.	Jeudi	s. Pi. ès-l.	20	7
14		2	Vend.	s. Étienne	21	8
15		3	Sam.	Inv. s. Ét.	22	9
16		4	9 *D.*	Sus. ste Cr.	23	10
17		5	Lundi	s. Domin.	24	11
18	.	6	Mardi	Tr. N. S.	25	12
19		7	Merc.	s. Gaëtan	26	13
20		8	Jeudi	s. Justin	27	14
21		9	Vend.	s. Romain	28	15
22		10	Sam.	s. Laur.	29	16
23	.	11	10 *D.*	S. ste Cou.	30	17
24		12	Lundi	ste Claire	31	18
25		13	Mardi	s. Hippol.	1 Août.	19
26		14	Merc	*Vigil.-J.*	2	20
27		15	Jeudi	ASSOMP.	3	21
28	.	16	Vend.	s. Napol.	4	22
29		17	Sam.	s. Mam.	5	23
30		18	11 *D.*	ste. Hélène	6	24

STYLE DÉCAD.	FRUCTIDOR.	STYLE GRÉGOR.	AOUT-SEPTEMBRE.		STYLE JULIEN.	Age de la lune.
1		19 Août 1805.	Lundi	s. Louis, é.	7 Août 1805.	25
2		20	Mardi	s. Bernard	8	26
3		21	Merc.	s. Privat	9	27
4		22	Jeudi	s. Symph.	10	28
5		23	Vend.	s. Sidoine	11	29
6		24	Sam.	s. Barthél.	12	1
7		25	12 *D.*	s. Louis	13	2
8		26	Lundi	s. Zéphir.	14	3
9		27	Mardi	s. Césaire	15	4
10		28	Merc.	s. August.	16	5
11		29	Jeudi	D. s. J.-B.	17	6
12		30	Vend.	s. Fiacre	18	7
13		31	Sam.	s. Médéric	19	8
14		1 Septembre.	13 *D.*	s. L. s. G.	20	9
15		2	Lundi	s. Lazare	21	10
16		3	Mardi	s. Grégoi.	22	11
17		4	Merc.	ste Rosalie	23	12
18		5	Jeudi	s. Bertin	24	13
19		6	Vend.	s. Onésip.	25	14
20		7	Sam.	s. Cloud	26	15
21		8	14 *D.*	NAT. N. D.	27	16
22		9	Lundi	s. Omer	28	17
23		10	Mardi	s. Nic. T.	29	18
24		11	Merc.	s. Patient	30	19
25		12	Jeudi	s. Serdot	31	20
26		13	Vend.	s. Mauril.	1 Septembre.	21
27		14	Sam.	Ex. ste Cr.	2	22
28		15	15 *D.*	s. Nicom.	3	23
29		16	Lundi	s. Cypr.	4	24
30		17	Mardi	s. Lamb.	5	25

STYLE DÉCAD.	JOURS COMPL.	STYLE GRÉGOR.	SEPTEMBRE.		STYLE JULIEN.	Age de la lune.
1		18 Septemb. 1805.	Merc.	s. J. Chr.	6 Septemb. 1805.	26
2		19	Jeudi	*Quatre-T.*	7	27
3		20	Vend.	s. Eustac.	8	28
4		21	Sam.	s. Math.	9	29
5		22	16 *D.*	s. Maurice	10	30

AN XIV.

ARTICLES PRINCIPAUX DU CALENDRIER.

ANNÉE de la Période julienne........ 6519
Depuis la première Olympiade d'Iphitus jusqu'en juillet.... 2580
De la fondation de Rome, selon Varron (Mars)........... 2559
De l'époque de Nabonassar, depuis février............... 2553
De l'Hégire ou époque des Turcs (Julienne).................. 1184

L'année 1221 des Turcs commencera le 30 ventôse an 14 (21 mars 1806).

Comput ecclésiastique pour 1806.

Nombre d'or........................ 2
Épacte............................ XI
Cycle solaire...................... 23
Indiction romaine.................. 9
Lettre dominicale.................. E

STYLE DÉCAD.	VENDÉMIAIRE.	STYLE GRÉGOR.		SEPTEMB.—OCTOB.		STYLE JULIEN.		Âge de la lune.
1		23	Septembre 1805.	Lundi	ste Thècle	11	Septembre 1805.	1
2		24		Mardi	s. And.	12		2
3	.	25		Merc.	s. Firmin	13		3
4		26		Jeudi	ste Justine	14		4
5		27		Vend.	s. C. s. D.	15		5
6		28		Sam.	s. Céran	16		6
7		29		17 *D.*	s. Michel	17		7
8	.	30		Lundi	s. Jérôme	18		8
9		1	Octobre.	Mardi	s. Remi	19		9
10		2		Merc.	ss. Anges	20		10
11		3		Jeudi	s. Den. A.	21		11
12		4		Vend.	s. Franç.	22		12
13	.	5		Sam.	ste Aure	23		13
14		6		18 *D.*	s. Bruno	24		14
15		7		Lundi	s. Serge	25		15
16		8		Mardi	s. Dem.	26		16
17		9		Merc.	s. Denis	27		17
18	.	10		Jeudi	s. Géréon	28		18
19		11		Vend.	s. Nicaise	29		19
20		12		Sam.	s. Wilfr.	30		20
21		13		19 *D.*	s. Géraud	1	Octobre.	21
22		14		Lundi	s. Caliste	2		22
23	.	15		Mardi	ste Thérès.	3		23
24		16		Merc.	s. Gal, ab.	4		24
25		17		Jeudi	s. Cerb.	5		25
26		18		Vend.	s. Luc, é.	6		26
27		19		Sam.	s. Savini.	7		27
28	.	20		20 *D.*	s. Sendou	8		28
29		21		Lundi	ste Ursule	9		29
30		22		Mardi	s. Mellon	10		30

STYLE DÉCAD.	BRUMAIRE.	STYLE GRÉGOR.		OCTOBRE-NOVEMB.		STYLE JULIEN.		Age de la lune.
1		23	Octobre 1805.	Merc.	s. Hilar.	11	Octobre 1805.	1
2		24		Jeudi	s. Maglo.	12		2
3		25		Vend.	s. C. s. C.	13		3
4		26		Sam.	s. Rustiq.	14		4
5		27		21 *D.*	s. Frum.	15		5
6		28		Lundi	s. S. s. J.	16		6
7		29		Mardi	s. Faron	17		7
8		30		Merc.	s. Lucain	18		8
9		31		Jeudi	*Vigil. J.*	19		9
10		1	Novembre.	Vend.	TOUSS.	20		10
11		2		Sam.	MORTS	21		11
12		3		22 *D.*	s. Marcel	22		12
13		4		Lundi	s. Charles	23		13
14		5		Mardi	ste Bertile	24		14
15		6		Merc.	s. Léonard	25		15
16		7		Jeudi	s. Willeb.	26		16
17		8		Vend.	stes Reliq.	27		17
18		9		Sam.	s. Mathur.	28		18
19		10		23 *D.*	s. Léon	29		19
20		11		Lundi	s. Martin	30		20
21		12		Mardi	s. René	31		21
22		13		Merc.	s. Gend.	1	Novembre.	22
23		14		Jeudi	s. Mart. p.	2		23
24		15		Vend.	s. Eugène	3		24
25		16		Sam.	s. Eucher	4		25
26		17		24 *D.*	s. Agnan	5		26
27		18		Lundi	ste Aude	6		27
28		19		Mardi	ste Élisab.	7		28
29		20		Merc.	s. Edmo.	8		29
30		21		Jeudi	Pr. N. D.	9		1

STYLE DÉCAD.	FRIMAIRE.	STYLE GRÉGOR.	NOVEMBRE-DÉC.		STYLE JULIEN.	Age de la lune
1		22 Novembre 1805.	Vend.	ste Cecile	10 Novembre 1805.	2
2		23	Sam.	s. Clément	11	3
3	•	24	25 *D.*	s. Severin	12	4
4		25	Lundi	ste Cather.	13	5
5		26	Mardi	ste Genev.	14	6
6		27	Merc.	s. Vital.	15	7
7		28	Jeudi	s. Sosthè.	16	8
8	•	29	Vend.	s. Saturn.	17	9
9		30	Sam.	s. André	18	10
10		1 Décembre.	1 *D.*	*Avent*	19	11
11		2	Lundi	s. Mirocl.	20	12
12		3	Mardi	s. Fr. Xav.	21	13
13	•	4	Merc.	ste Barbe	22	14
14		5	Jeudi	s. Sabas	23	15
15		6	Vend.	s. Nicolas	24	16
16		7	Sam.	ste Fare	25	17
17		8	2 *D.*	CONCEP.	26	18
18	•	9	Lundi	ste Gorgo.	27	19
19		10	Mardi	ste Valère	28	20
20		11	Merc.	s. Fuscien	29	21
21		12	Jeudi	s. Damas	30	22
22		13	Vend.	ste Luce	1 Décembre.	23
23	•	14	Sam.	s. Nicaise	2	24
24		15	3 *D.*	s. Memin	3	25
25		16	Lundi	ste Adél.	4	26
26		17	Mardi	ste Olym.	5	27
27		18	Merc.	*Quatre-T.*	6	28
28	•	19	Jeudi	ste Meuris	7	29
29		20	Vend.	s. Philog.	8	30
30		21	Sam.	s. Thomas	9	1

STYLE DÉCAD.	NIVÔSE.	STYLE GRÉGOR.	DÉCEMBRE-JANV.		STYLE JULIEN.	Âge de la lune.
1		22 [Décembre 1805.]	4 *D.*	s. Ischyr.	10 [Décembre 1805.]	2
2		23	Lundi	s. Yves	11	3
3	.	24	Mardi	*Vigiles-J.*	12	4
4		25	Merc.	NOEL	13	5
5		26	Jeudi	s. Étienne	14	6
6		27	Vend.	s. Jean, é.	15	7
7		28	Sam.	ss. Innoc.	16	8
8	.	29	*Dim.*	s. Th. C.	17	9
9		30	Lundi	ste Colom.	18	10
10		31	Mardi	s. Sylvest.	19	11
11		1 [Janvier 1806.]	Merc.	CIRCONC.	20	12
12		2	Jeudi	s. Basile	21	13
13	.	3	Vend.	ste Genev.	22	14
14		4	Sam.	s. Rigob.	23	15
15		5	*Dim.*	s. Siméon	24	16
16		6	Lundi	ÉPIPHAN.	25	17
17		7	Mardi	s. Théau	26	18
18	.	8	Merc.	s. Lucien	27	19
19		9	Jeudi	s. Pierre	28	20
20		10	Vend.	s. Paul	29	21
21		11	Sam.	s. Hygin	30	22
22		12	1 *D.*	s. Arcade	31	23
23	.	13	Lundi	B. N. S.	1 [Janvier 1806.]	24
24		14	Mardi	s. Hilaire	2	25
25		15	Merc.	s. Maur	3	26
26		16	Jeudi	s. Guilla.	4	27
27		17	Vend.	s. Antoine	5	28
28	.	18	Sam.	Ch. s. P.	6	29
29		19	2 *D.*	s. Sulpice	7	30
30		20	Lundi	s. Sébast.	8	1

STYLE DÉCAD.	PLUVIÔSE.	STYLE GRÉGOR.	JANVIER-FÉVRIER.		STYLE JULIEN.	Age de la lune.
1		21 Janvier 1806	Mardi	ste Agnès	9 Janvier 1806	2
2		22	Merc.	s. Vincent	10	3
3	•	23	Jeudi	s. Ildéf.	11	4
4		24	Vend.	s. Babyl.	12	5
5		25	Sam.	C. s. Paul	13	6
6		26	3 *D.*	ste Paule	14	7
7		27	Lundi	s. Julien	15	8
8	•	28	Mardi	s. Cyrille	16	9
9		29	Merc.	s. F. de S.	17	10
10		30	Jeudi	ste Bathil.	18	11
11		31	Vend.	s. Pi. N.	19	12
12		1 Février	Sam.	s. Ignace	20	13
13	•	2	*Dim.*	*Septuag.*	21	14
14		3	Lundi	PURIFIC.	22	15
15		4	Mardi	s. Philéas	23	16
16		5	Merc.	ste Agathe	24	17
17		6	Jeudi	s. Vast	25	18
18	•	7	Vend.	s. Romu.	26	19
19		8	Sam.	s. J. de M.	27	20
20		9	*Dim.*	*Sexagés.*	28	21
21		10	Lundi	ste Scolas.	29	22
22		11	Mardi	s. Severin	30	23
23	•	12	Merc.	s. Mélèce	31	24
24		13	Jeudi	ste Eulalie	1 Février	25
25		14	Vend.	s. Lezin	2	26
26		15	Sam.	s. Valen.	3	27
27		16	*Dim.*	*Quinq.*	4	28
28	•	17	Lundi	s. Faustin	5	29
29		18	Mardi	s. Siméon	6	30
30		19	Merc.	*Cendres*	7	1

STYLE DÉCAD.	VENTÔSE.	STYLE GRÉGOR.	FÉVRIER-MARS.		STYLE. JULIEN.	Age de la lune.
1		20 Février 1806.	Jeudi	s. Didier	8 Février 1806.	2
2		21	Vend.	Les 5 Pl.	9	3
3	•	22	Sam.	s. Prétex.	10	4
4		23	1 *D.*	*Quadrag.*	11	5
5		24	Lundi	s. Math.	12	6
6		25	Mardi	s. Alexis	13	7
7		26	Merc.	*Quatre-T.*	14	8
8	•	27	Jeudi	s. Porph.	15	9
9		28	Vend.	s. Rom.	16	10
10		1 Mars.	Sam.	s. Aubin	17	11
11		2	2 *D.*	*Reminisc.*	18	12
12		3	Lundi	s. Simpl.	19	13
13	•	4	Mardi	s. Casim.	20	14
14		5	Merc.	s. Draus.	21	15
15		6	Jeudi	s. Godeg.	22	16
16		7	Vend.	s. Perpét.	23	17
17		8	Sam.	s. J. de D.	24	18
18	•	9	3 *D.*	*Oculi*	25	19
19		10	Lundi	s. Doct.	26	20
20		11	Mardi	40 Mart.	27	21
21		12	Merc.	s. Pol, év.	28	22
22		13	Jeudi	s. Lubin	1 Mars.	23
23	•	14	Vend.	s. Tranq.	2	24
24		15	Sam.	s. Abrah.	3	25
25		16	4 *D.*	*Lœtare*	4	26
26		17	Lundi	ste Gertr.	5	27
27		18	Mardi	s. Alex.	6	28
28	•	19	Merc.	s. Joseph	7	29
29		20	Jeudi	s. Joach.	8	1
30		21	Vend.	s. Benoît	9	2

STYLE DÉCAD.	GERMINAL.	STYLE GRÉGOR.	MARS-AVRIL.		STYLE JULIEN.	Age de la lune.
1		22 Mars 1806.	Sam.	s. Epaph.	10 Mars 1806.	3
2		23	5 *D.*	*Passion*	11	4
3	•	24	Lundi	s. Simon	12	5
4		25	Mardi	ANNONC.	13	6
5		26	Merc.	s. Leugd.	14	7
6		27	Jeudi	s. Rupert	15	8
7		28	Vend.	Compas.	16	9
8	•	29	Sam.	s. Eustase	17	10
9		30	6 *D.*	*Rameaux*	18	11
10		31	Lundi	s. Acace	19	12
11		1 Avril.	Mardi	s. Hugues	20	13
12		2	Merc.	s. F. de P.	21	14
13	•	3	Jeudi	s. Richard	22	15
14		4	Vend.	*Vend. S.*	23	16
15		5	Sam.	s. Vin. F.	24	17
16		6	*Dim.*	PASQUE.	25	18
17		7	Lundi	s. Hégés.	26	19
18	•	8	Mardi	s[te] Mar. é.	27	20
19		9	Merc.	s. Macai.	28	21
20		10	Jeudi	s. Léon	29	22
21		11	Vend.	s. Jules	30	23
22		12	Sam.	s. Perpét.	31	24
23	•	13	1 *D.*	*Quasim.*	1 Avril.	25
24		14	Lundi	s. Tibur.	2	26
25		15	Mardi	s. Patern.	3	27
26		16	Merc.	s. Fruct.	4	28
27		17	Jeudi	s. Anicet	5	29
28	•	18	Vend.	s. Parfait	6	30
29		19	Sam.	s. Elpheg.	7	1
30		20	2 *D.*	s. Hildeg.	8	2

STYLE DÉCAD.	FLORÉAL.	STYLE GRÉGOR.	AVRIL-MAI.		STYLE JULIEN.	Age de la lune.
1		21 Avril 1806.	Lundi	s. Ansel.	9 Avril 1806.	3
2		22	Mardi	ste Oport.	10	4
3	•	23	Merc.	s. George	11	5
4		24	Jeudi	ste Beuve	12	6
5		25	Vend.	s. Marc	13	7
6		26	Sam.	s. Clet	14	8
7		27	3 *D.*	s. Polyc.	15	9
8	•	28	Lundi	s. Vital	16	10
9		29	Mardi	s. Robert	17	11
10		30	Merc.	s. Eutrop.	18	12
11		1 Mai.	Jeudi	s. J. s. Ph.	19	13
12		2	Vend.	s. Athan.	20	14
13	•	3	Sam.	Inv. ste C.	21	15
14		4	4 *D.*	ste Moniq.	22	16
15		5	Lundi	C. s. A.	23	17
16		6	Mardi	s. J. P. L.	24	18
17		7	Merc.	s. Stanisl.	25	19
18	•	8	Jeudi	s. Désiré	26	20
19		9	Vend.	s. Grég.	27	21
20		10	Sam.	s. Gord.	28	22
21		11	5 *D.*	s. Mam.	29	23
22		12	Lundi	*Rogations*	30	24
23	•	13	Mardi	ste Onési.	1 Mai.	25
24		14	Merc.	s. Servais	2	26
25		15	Jeudi	ASCENS.	3	27
26		16	Vend.	s. Honoré	4	28
27		17	Sam.	s. Paschal	5	29
28	•	18	6 *D.*	s. Éric	6	1
29		19	Lundi	ste Célest.	7	2
30		20	Mardi	s. Bernard	8	3

STYLE DÉCAD.	PRAIRIAL.	STYLE GRÉGOR.	MAI-JUIN.		STYLE JULIEN.	Age de la lune.
1		21 Mai 1806.	Merc.	s. Hospic.	9 Mai 1806.	4
2		22	Jeudi	ste Julie	10	5
3	•	23	Vend.	s. Didier	11	6
4		24	Sam.	*Vigil.-J.*	12	7
5		25	*Dim.*	PENTEC.	13	8
6		26	Lundi	s. Ph. d. N.	14	9
7		27	Mardi	s. Jean, p.	15	10
8	•	28	Merc.	*Quatre-T.*	16	11
9		29	Jeudi	s. Maxim.	17	12
10		30	Vend.	s. Félix	18	13
11		31	Sam.	ste Pétron.	19	14
12		1 Juin.	1 *D.*	*Trinité*	20	15
13	•	2	Lundi	s. Pothin	21	16
14		3	Mardi	ste Clotil.	22	17
15		4	Merc.	s. Optat	23	18
16		5	Jeudi	FÊTE-D.	24	19
17		6	Vend.	s. Norb.	25	20
18	•	7	Sam.	s. Paul, ar.	26	21
19		8	2 *D.*	s. Médard	27	22
20		9	Lundi	s. Basilid.	28	23
21		10	Mardi	s. Landry	29	24
22		11	Merc.	s. Barna.	30	25
23	•	12	Jeudi	s. Justin	31	26
24		13	Vend.	s. Ant. P.	1 Juin.	27
25		14	Sam.	s. Ruffin	2	28
26		15	3 *D.*	s. Guy	3	29
27		16	Lundi	s. Cyr	4	30
28	•	17	Mardi	s. Avit	5	1
29		18	Merc.	ste Marine	6	2
30		19	Jeudi	s. Gervais	7	3

STYLE DÉCAD.	MESSIDOR.	STYLE GRÉGOR.	JUIN-JUILLET.		STYLE JULIEN.	Age de la lune.
1		20 Juin 1806.	Vend.	s. Sylvère	8 Juin 1806.	4
2		21	Sam.	s. Leufroi	9	5
3	.	22	4 *D.*	s. Paulin	10	6
4		23	Lundi	*Vigil.-J.*	11	7
5		24	Mardi	N. s. J.-B.	12	8
6		25	Merc.	s. Prosper	13	9
7		26	Jeudi	s. Babol.	14	10
8	.	27	Vend.	s. Ladisl.	15	11
9		28	Sam.	*Vigil. J.*	16	12
10		29	5 *D.*	s. Pi. s. P.	17	13
11		30	Lundi	Com. s. P.	18	14
12		1 Juillet.	Mardi	s. Martial	19	15
13	.	2	Merc.	Vis. N. D.	20	16
14		3	Jeudi	s. Anato.	21	17
15		4	Vend.	Tr. s. Ma.	22	18
16		5	Sam.	s^{te} Zoé	23	19
17		6	6 *D.*	s. Tranq.	24	20
18	.	7	Lundi	s^{te} Aubie.	25	21
19		8	Mardi	s^{te} Élisab.	26	22
20		9	Merc.	s. Cyrille	27	23
21		10	Jeudi	s^{te} Félicité	28	24
22		11	Vend.	Tr. s. B.	29	25
23	.	12	Sam.	s. Gualb.	30	26
24		13	7 *D.*	s. Turiaf	1 Juillet.	27
25		14	Lundi	s. Bonav.	2	28
26		15	Mardi	s. Henri	3	29
27		16	Merc.	s. Eustate	4	1
28	.	17	Jeudi	s. Sperat	5	2
29		18	Vend.	s. Clair, é.	6	3
30		19	Sam.	s. Vincent	7	4

STYLE DÉCAD.	THERMIDOR.	STYLE GRÉGOR.	JUILLET-AOUT.		STYLE JULIEN.	Age de la lune.
1		20 Juillet 1806.	8 *D.*	ste Marg.	8 Juillet 1806.	5
2		21	Lundi	s. Victor	9	6
3		22	Mardi	ste Magd.	10	7
4		23	Merc.	s. Apoll.	11	8
5		24	Jeudi	ste Christ.	12	9
6		25	Vend.	s. Jacq. m.	13	10
7		26	Sam.	s. Christ.	14	11
8		27	9 *D.*	s. George	15	12
9		28	Lundi	ste Anne	16	13
10		29	Mardi	s. Loup	17	14
11		30	Merc.	s. Abdon	18	15
12		31	Jeudi	s. Germ.	19	16
13		1 Août.	Vend.	s. Pi. ès-l.	20	17
14		2	Sam.	s. Étienne	21	18
15		3	10 *D.*	Inv. s. Ét.	22	19
16		4	Lundi	Sus. ste Cr.	23	20
17		5	Mardi	s. Domin.	24	21
18		6	Merc.	Tr. N. S.	25	22
19		7	Jeudi	s. Gaëtan	26	23
20		8	Vend.	s. Justin	27	24
21		9	Sam.	s. Romain	28	25
22		10	11 *D.*	s. Laur.	29	26
23		11	Lundi	S. ste Cou.	30	27
24		12	Mardi	ste Claire	31	28
25		13	Merc.	s. Hippol.	1 Août.	29
26		14	Jeudi	*Vigiles-J.*	2	1
27		15	Vend.	ASSOMP.	3	2
28		16	Sam.	s. Napol.	4	3
29		17	12 *D.*	s. Mam.	5	4
30		18	Lundi	ste Hélène	6	5

STYLE DÉCAD.	FRUCTIDOR.	STYLE GRÉGOR.	AOUT-SEPTEMBRE.		STYLE JULIEN.	Age de la lune.
1		19 Août 1806.	Mardi	s. Louis, é.	7 Août 1806.	6
2		20	Merc.	s. Bernard	8	7
3	•	21	Jeudi	s. Privat	9	8
4		22	Vend.	s. Symph.	10	9
5		23	Sam.	s. Sidoine	11	10
6		24	13 *D.*	s. Barthél.	12	11
7		25	Lundi	s. Louis	13	12
8	•	26	Mardi	s. Zéphir.	14	13
9		27	Merc.	s. Césaire	15	14
10		28	Jeudi	s. August.	16	15
11		29	Vend.	D. s. J.-B.	17	16
12		30	Sam.	s. Fiacre	18	17
13	•	31	14 *D.*	s. Médéric	19	18
14		1 Septembre.	Lundi	s. L. s. G.	20	19
15		2	Mardi	s. Lazare	21	20
16		3	Merc.	s. Grégoi.	22	21
17		4	Jeudi	s^te^ Rosalie	23	22
18	•	5	Vend.	s. Bertin	24	23
19		6	Sam.	s. Onésip.	25	24
20		7	15 *D.*	s. Cloud	26	25
21		8	Lundi	NAT. N. D.	27	26
22		9	Mardi	s. Omer	28	27
23	•	10	Merc.	s. Nic. T.	29	28
24		11	Jeudi	s. Patient	30	29
25		12	Vend.	s. Serdot	31	30
26		13	Sam.	s. Mauril.	1 Septembre.	1
27		14	16 *D.*	Ex. s^te^ Cr.	2	2
28	•	15	Lundi	s. Nicom.	3	3
29		16	Mardi	s. Cypr.	4	4
30		17	Merc.	*Quatre-T.*	5	5

STYLE DÉCAD.	JOURS COMPL.	STYLE GRÉGOR. Septemb. 1806.	SEPTEMBRE.		STYLE JULIEN. Septemb. 1806.	Age de la lune.
1		18	Jeudi	s. J. Chr.	6	6
2		19	Vend.	s. Janvier	7	7
3		20	Sam.	s. Eustac.	8	8
4		21	17 *D.*	s. Math.	9	9
5		22	Lundi	s. Maurice	10	10

CONCORDANCE ABRÉGÉE

DE L'AN XV A L'AN XLIIe,

Indiquant le rapport du dix, du vingt et du trente de chaque mois de ces années avec le Calendrier Grégorien.

(ANNÉES SEXTILES, XV, XIX, XXIII, XXVII, XXXI.)

Le 1 vend. XV eût répondu au 23 sept. 1806.
10. 2 octobre.
20. . . . . 12 octobre.
30. . . . . 22 octobre.
10 brumaire. 1 novembre.
20. . . . . 11 novembre.
30. . . . . 21 novembre.
10 frimaire. 1 décembre.
20. . . . . 11 décembre.
30. . . . . 21 décembre.
10 nivôse. 31 décembre.
20. . . . . 10 janv. 1807.
30. . . . . 20 janv.

10 pluviôse XV eût rép. au	30 janv. 1807.
20	9 février.
30	19 février.
10 ventôse.	1 mars.
20	11 mars.
30	21 mars.
10 germinal.	31 mars.
20	10 avril.
30	20 avril.
10 floréal.	30 avril.
20	10 mai.
30	20 mai.
10 prairial.	30 mai.
20	9 juin.
30	19 juin.
10 messidor.	29 juin.
20	9 juillet.
30	19 juillet.
10 thermidor.	29 juillet.
20	8 août.
30	18 août.
10 fructidor.	28 août.
20	7 septembre.
30	17 septembre.
10 vendémiaire XVI.	3 octobre.
20	13 octobre.
30	23 octobre.
10 brumaire.	2 novembre.
20	12 novembre.
30	22 novembre.
10 frimaire.	2 décembre.
20	12 décembre.
30	22 décembre.
10 nivôse.	1 janv. 1808.
20	11 janvier.
30	21 janvier.

Le 10 pluviôse XVI eût rép. au	31 janv. 1808.
20	10 février.
30	20 février.
10 ventôse.	1 mars.
20	11 mars.
30	21 mars.
10 germinal.	31 mars.
20	10 avril.
30	20 avril.
10 floréal.	30 avril.
20	10 mai.
30	20 mai.
10 prairial.	30 mai.
20	9 juin.
30	19 juin.
10 messidor.	29 juin.
20	9 juillet.
30	19 juillet.
10 thermidor.	29 juillet.
20	8 août.
30	18 août.
10 fructidor.	28 août.
20	7 septembre.
30	17 septembre.
10 vendémiaire an XVII.	2 octobre.
20	12 octobre.
30	22 octobre.
10 brumaire.	1 novembre.
20	11 novembre.
30	21 novembre.
10 frimaire.	1 décembre.
20	11 décembre.
30	21 décembre.
10 nivôse.	31 décembre.
20	10 janv. 1809.
30	20 janvier.

Le 10 pluviôse XVII eût rép. au	30 janv. 1809.
20.	9 février.
30.	19 février.
10 ventôse.	1 mars.
20.	11 mars.
30.	21 mars.
10 germinal.	31 mars.
20.	10 avril.
30.	20 avril.
10 floréal.	30 avril.
20.	10 mai.
30.	20 mai.
10 prairial.	30 mai.
20.	9 juin.
30.	19 juin.
10 messidor.	29 juin.
20.	9 juillet.
30.	19 juillet.
10 thermidor.	29 juillet.
20.	8 août.
30.	18 août.
10 fructidor.	28 août.
20.	7 septembre.
30.	17 septembre.
10 vendémiaire XVIII.	2 octobre.
20.	12 octobre.
30.	22 octobre.
10 brumaire.	1 novembre.
20.	11 novembre.
30.	21 novembre.
10 frimaire.	1 décembre.
20.	11 décembre.
30.	21 décembre.
10 nivôse.	31 décembre.
20.	10 janv. 1810.
30.	20 janvier.

Le 10 pluviôse XVIII eût rép. au 30 janv. 1810.
20.......................... 9 février.
30..........................19 février.
10 ventôse. 1 mars.
20..........................11 mars.
30..........................21 mars.
10 germinal. 31 mars.
20..........................10 avril.
30..........................20 avril.
10 floréal. 30 avril.
20..........................10 mai.
30..........................20 mai.
10 prairial. 30 mai.
20.......................... 9 juin.
30..........................19 juin.
10 messidor. 29 juin.
20.......................... 9 juillet.
30..........................19 juillet.
10 thermidor. 29 juillet.
20.......................... 8 août.
30..........................18 août.
10 fructidor. 28 août.
20.......................... 7 septembre.
30..........................17 septembre.
10 vendémiaire XIX. 2 octobre.
20..........................12 octobre.
30..........................22 octobre.
10 brumaire. 1 novembre.
20..........................11 novembre.
30..........................21 novembre.
10 frimaire. 1 décembre.
20..........................11 décembre.
30..........................21 décembre.
10 nivôse. 31 décembre.
20..........................10 janv. 1811.
30..........................20 janvier.

Le 10 pluviôse XIX eût rép. au	30 janv. 1811.
20	9 février.
30	19 février.
10 ventôse.	1 mars.
20	11 mars.
30	21 mars.
10 germinal.	31 mars.
20	10 avril.
30	20 avril.
10 floréal.	30 avril.
20	10 mai.
30	20 mai.
10 prairial.	30 mai.
20	9 juin.
30	19 juin.
10 messidor.	29 juin.
20	9 juillet.
30	19 juillet.
10 thermidor.	29 juillet.
20	8 août.
30	18 aout.
10 fructidor.	28 août.
20	7 septembre.
30	17 septembre.
10 vendémiaire XX.	3 octobre.
20	13 octobre.
30	23 octobre.
10 brumaire.	2 novembre.
20	12 novembre.
30	22 novembre.
10 frimaire.	2 décembre.
20	12 décembre.
30	22 décembre.
10 nivôse,	1 janv. 1812.
20	11 janvier.
30	21 janvier.

Le 10 pluviôse XX eût rép. au	31 janv. 1812.
20	10 février.
30	20 février.
10 ventôse.	1 mars.
20	11 mars.
30	21 mars.
10 germinal.	31 mars.
20	10 avril.
30	20 avril.
10 floréal.	30 avril.
20	10 mai.
30	20 mai.
10 prairial.	30 mai.
20	9 juin.
30	19 juin.
10 messidor.	29 juin.
20	9 juillet.
30	19 juillet.
10 thermidor.	29 juillet.
20	8 août.
30	18 août.
10 fructidor.	28 août.
20	7 septembre.
30	17 septembre.
10 vendémiaire XXI.	2 octobre.
20	12 octobre.
30	22 octobre.
10 brumaire.	1 novembre.
20	11 novembre.
30	21 novembre.
10 frimaire.	1 décembre.
20	11 décembre.
30	21 décembre.
10 nivôse.	31 décembre.
20	10 janv. 1813.
30	20 janvier.

Le 10 pluviôse XXI eût rép. au	30 janv. 1813.
20.	9 février.
30.	19 février.
10 ventôse.	1 mars.
20.	11 mars.
30.	21 mars.
10 germinal.	31 mars.
20.	10 avril.
30.	20 avril.
10 floréal.	30 avril.
20.	10 mai.
30.	20 mai.
10 prairial.	30 mai.
20.	9 juin.
30.	19 juin.
10 messidor.	29 juin.
20.	9 juillet.
30.	19 juillet.
10 thermidor.	29 juillet.
20.	8 août.
30.	18 août.
10 fructidor.	28 août.
20.	7 septembre.
30.	17 septembre.
10 vendémiaire XXII.	2 octobre.
20.	12 octobre.
30.	22 octobre.
10 brumaire.	1 novembre.
20.	11 novembre.
30.	21 novembre.
10 frimaire.	1 décembre.
20.	11 décembre.
30.	21 décembre.
10 nivôse.	31 décembre.
20.	10 janv. 1814.
30.	20 janvier.

Le 10 pluviôse XXII eût rép. au	30 janv. 1814.
20.	9 février.
30.	19 février.
10 ventôse.	1 mars.
20.	11 mars.
30.	21 mars.
10 germinal.	31 mars.
20.	10 avril.
30.	20 avril.
10 floréal.	30 avril.
20.	10 mai.
30.	20 mai.
10 prairial.	30 mai.
20.	9 juin.
30.	19 juin.
10 messidor.	29 juin.
20.	9 juillet.
30.	19 juillet.
10 thermidor.	29 juillet.
20.	8 août.
30.	18 août.
10 fructidor.	28 août.
20.	7 septembre.
30.	17 septembre.
10 vendémiaire XXIII.	2 octobre.
20.	12 octobre.
30.	22 octobre.
10 brumaire.	1 novembre.
20.	11 novembre.
30.	21 novembre.
10 frimaire.	1 décembre.
20.	11 décembre.
30.	21 décembre.
10 nivôse.	31 décembre.
20.	10 janv. 1815.
30.	20 janvier.

Le 10 pluv. XXIII eût rép. au 30 janv. 1815.
20. . . . . 9 février.
30. . . . . 19 février.
10 ventôse. 1 mars.
20. . . . . 11 mars.
30. . . . . 21 mars.
10 germinal. 31 mars.
20. . . . . 10 avril.
30. . . . . 20 avril.
10 floréal. 30 avril.
20. . . . . 10 mai.
30. . . . . 20 mai.
10 prairial. 30 mai.
20. . . . . 9 juin.
30. . . . . 19 juin.
10 messidor. 29 juin.
20. . . . . 9 juillet.
30. . . . . 19 juillet.
10 thermidor. 29 juillet.
20. . . . . 8 août.
30. . . . . 18 août.
10 fructidor. 28 août.
20. . . . . 7 septembre.
30. . . . . 17 septembre.
10 vendémiaire XXIV. 3 octobre.
20. . . . . 13 octobre.
30. . . . . 23 octobre.
10 brumaire. 2 novembre.
20. . . . . 12 novembre.
30. . . . . 22 novembre.
10 frimaire. 2 décembre.
20. . . . . 12 décembre.
30. . . . . 22 décembre.
10 nivôse. 1 janv. 1816.
20. . . . . 11 janvier.
30. . . . . 21 janvier.

Le 10 pluv. XXIV eût rép. au	31 janv. 1816.
20	10 février.
30	20 février.
10 ventôse.	1 mars.
20	11 mars.
30	21 mars.
10 germinal.	31 mars.
20	10 avril.
30	20 avril.
10 floréal.	30 avril.
20	10 mai.
30	20 mai.
10 prairial.	30 mai.
20	9 juin.
30	19 juin.
10 messidor.	29 juin.
20	9 juillet.
30	19 juillet.
10 thermidor.	29 juillet.
20	8 août.
30	18 août.
10 fructidor.	28 août.
20	7 septembre.
30	17 septembre.
10 vendémiaire XXV.	2 octobre.
20	12 octobre.
30	21 octobre.
10 brumaire.	1 novembre.
20	11 novembre.
30	21 novembre.
10 frimaire.	1 décembre.
20	11 décembre.
30	21 décembre.
10 nivôse.	31 décembre.
20	10 janv. 1817.
30	20 janvier.

Le 10 pluviôse XXV eût rép. au	30 janv. 1817.
20	9 février.
30	19 février.
10 ventôse.	1 mars.
20	11 mars.
30	21 mars.
10 germinal.	31 mars.
20	10 avril.
30	20 avril.
10 floréal.	30 avril.
20	10 mai.
30	20 mai.
10 prairial.	30 mai.
20	9 juin.
30	19 juin.
10 messidor.	29 juin.
20	9 juillet.
30	19 juillet.
10 thermidor.	29 juillet.
20	8 août.
30	18 août.
10 fructidor.	28 août.
20	7 septembre.
30	17 septembre.
10 vendémiaire XXVI.	2 octobre.
20	12 octobre.
30	22 octobre.
10 brumaire.	1 novembre.
20	11 novembre.
30	21 novembre.
10 frimaire.	1 décembre.
20	11 décembre.
30	21 décembre.
10 nivôse.	31 décembre.
20	10 janv. 1818.
30	20 janvier.

Le 10 pluv. XXVI eût rép. au	30 janv. 1818.
20	9 février.
30	19 février.
10 ventôse.	1 mars.
20	11 mars.
30	21 mars.
10 germinal.	31 mars.
20	10 avril.
30	20 avril.
10 floréal.	30 avril.
20	10 mai.
30	20 mai.
10 prairial.	30 mai.
20	9 juin.
30	19 juin.
10 messidor.	29 juin.
20	9 juillet.
30	19 juillet.
10 thermidor.	29 juillet.
20	8 août.
30	18 août.
10 fructidor.	28 août.
20	7 septembre.
30	17 septembre.
10 vendémiaire XXVII.	2 octobre.
20	12 octobre.
30	22 octobre.
10 brumaire.	1 novembre.
20	11 novembre.
30	21 novembre.
10 frimaire.	1 décembre.
20	11 décembre.
30	21 décembre.
10 nivôse.	31 décembre.
20	10 janv. 1819.
30	20 janvier.

Le 10 pluv. XXVII eût rép. au 30 janv. 1819.
20 .... 9 février.
30 .... 19 février.
10 ventôse. 1 mars.
20 .... 11 mars.
30 .... 21 mars.
10 germinal. 31 mars.
20 .... 10 avril.
30 .... 20 avril.
10 floréal. 30 avril.
20 .... 10 mai.
30 .... 20 mai.
10 prairial. 30 mai.
20 .... 9 juin.
30 .... 19 juin.
10 messidor. 29 juin.
20 .... 9 juillet.
30 .... 19 juillet.
10 thermidor. 29 juillet.
20 .... 8 août.
30 .... 18 août.
10 fructidor. 28 août.
20 .... 7 septembre.
30 .... 17 septembre.
10 vendémiaire XXVIII. 3 octobre.
20 .... 13 octobre.
30 .... 23 octobre.
10 brumaire. 2 novembre.
20 .... 12 novembre.
30 .... 22 novembre.
10 frimaire. 2 décembre.
20 .... 12 décembre.
30 .... 22 décembre.
10 nivôse. 1 janv. 1820.
20 .... 11 janvier.
30 .... 21 janvier.

Le 10 pluv. XXVIII eût rép. au	31 janv. 1820.
20.	10 février.
30.	20 février.
10 ventôse.	1 mars.
20.	11 mars.
30.	21 mars.
10 germinal.	31 mars.
20.	10 avril.
30.	20 avril.
10 floréal.	30 avril.
20.	10 mai.
30.	20 mai.
10 prairial.	30 mai.
20.	9 juin.
30.	19 juin.
10 messidor.	29 juin.
20.	9 juillet.
30.	19 juillet.
10 thermidor.	29 juillet.
20.	8 août.
30.	18 août.
10 fructidor.	28 août.
20.	7 septembre.
30.	17 septembre.
10 vendémiaire XXIX.	2 octobre.
20.	12 octobre.
30.	22 octobre.
10 brumaire.	1 novembre.
20.	11 novembre.
30.	21 novembre.
10 frimaire.	1 décembre.
20.	11 décembre.
30.	21 décembre.
10 nivôse.	31 décembre.
20.	10 janv. 1821.
30.	20 janvier.

Le 10 pluv. XXIX eût rép. au	30 janv. 1821.
20	9 février.
30	19 février.
10 ventôse.	1 mars.
20	11 mars.
30	21 mars.
10 germinal.	31 mars.
20	10 avril.
30	20 avril.
10 floréal.	30 avril.
20	10 mai.
30	20 mai.
10 prairial.	30 mai.
20	9 juin.
30	19 juin.
10 messidor.	29 juin.
20	9 juillet.
30	19 juillet.
10 thermidor.	29 juillet.
20	8 août.
30	18 aout.
10 fructidor.	28 août.
20	7 septembre.
30	17 septembre.
10 vendémiaire XXX.	2 octobre.
20	12 octobre.
30	22 octobre.
10 brumaire.	1 novembre.
20	11 novembre.
30	21 novembre.
10 frimaire.	1 décembre.
20	11 décembre.
30	21 décembre.
10 nivôse,	31 décembre.
20	10 janv. 1822.
30	20 janvier.

Le 10 pluviôse XXX eût rép. au 30 janv. 1822.
20. 9 février.
30. 19 février.
10 ventôse. 1 mars.
20. 11 mars.
30. 21 mars.
10 germinal. 31 mars.
20. 10 avril.
30. 20 avril.
10 floréal. 30 avril.
20. 10 mai.
30. 20 mai.
10 prairial. 30 mai.
20. 9 juin.
30. 19 juin.
10 messidor. 29 juin.
20. 9 juillet.
30. 19 juillet.
10 thermidor. 29 juillet.
20. 8 août.
30. 18 août.
10 fructidor. 28 août.
20. 7 septembre.
30. 17 septembre.
10 vendémiaire XXXI. 2 octobre.
20. 12 octobre.
30. 22 octobre.
10 brumaire. 1 novembre.
20. 11 novembre.
30. 21 novembre.
10 frimaire. 1 décembre.
20. 11 décembre.
30. 21 décembre.
10 nivôse. 31 décembre.
20. 10 janv. 1823.
30. 20 janvier.

Le 10 pluv. XXXI eût rép. au 30 janv. 1823.
20. . . . . 9 février.
30. . . . . 19 février.
10 ventôse. 1 mars.
20. . . . . 11 mars.
30. . . . . 21 mars.
10 germinal. 31 mars.
20. . . . . 10 avril.
30. . . . . 20 avril.
10 floréal. 30 avril.
20. . . . . 10 mai.
30. . . . . 20 mai.
10 prairial. 30 mai.
20. . . . . 9 juin.
30. . . . . 19 juin.
10 messidor. 29 juin.
20. . . . . 9 juillet.
30. . . . . 19 juillet.
10 thermidor. 29 juillet.
20. . . . . 8 août.
30. . . . . 18 août.
10 fructidor. 28 août.
20. . . . . 7 septembre.
30. . . . . 17 septembre.
10 vendémiaire XXXII. 3 octobre.
20. . . . . 13 octobre.
30. . . . . 23 octobre.
10 brumaire. 2 novembre.
20. . . . . 12 novembre.
30. . . . . 22 novembre.
10 frimaire. 2 décembre.
20. . . . . 12 décembre.
30. . . . . 22 décembre.
10 nivôse. 1 janv. 1824.
20. . . . . 11 janvier.
30. . . . . 21 janvier.

Le 10 pluv. XXXII eût rép. au	31 janv. 1824.
20........................	10 février.
30........................	20 février.
10 ventôse.	1 mars.
20........................	11 mars.
30........................	21 mars.
10 germinal.	31 mars.
20........................	10 avril.
30........................	20 avril.
10 floréal.	30 avril.
20........................	10 mai.
30........................	20 mai.
10 prairial.	30 mai.
20........................	9 juin.
30........................	19 juin.
10 messidor.	29 juin.
20........................	9 juillet.
30........................	19 juillet.
10 thermidor.	29 juillet.
20........................	8 août.
30........................	18 août.
10 fructidor.	28 août.
20........................	7 septembre.
30........................	17 septembre.
10 vendémiaire XXXIII.	2 octobre.
20........................	12 octobre.
30........................	22 octobre.
10 brumaire.	1 novembre.
20........................	11 novembre.
30........................	21 novembre.
10 frimaire.	1 décembre.
20........................	11 décembre.
30........................	21 décembre.
10 nivôse.	31 décembre.
20........................	10 janv. 1825.
30........................	20 janvier.

Le 10 pluv. XXXIII eût rép. au	30 janv. 1825.
20.	9 février.
30.	19 février.
10 ventôse.	1 mars.
20.	11 mars.
30.	21 mars.
10 germinal.	31 mars.
20.	10 avril.
30.	20 avril.
10 floréal.	30 avril.
20.	10 mai.
30.	20 mai.
10 prairial.	30 mai.
20.	9 juin.
30.	19 juin.
10 messidor.	29 juin.
20.	9 juillet.
30.	19 juillet.
10 thermidor.	29 juillet.
20.	8 août.
30.	18 août.
10 fructidor.	28 août.
20.	7 septembre.
30.	17 septembre.
10 vendémiaire XXXIV.	2 octobre.
20.	12 octobre.
30.	22 octobre.
10 brumaire.	1 novembre.
20.	11 novembre.
30.	21 novembre.
10 frimaire.	1 décembre.
20.	11 décembre.
30.	21 décembre.
10 nivôse.	31 décembre.
20.	10 janv. 1826.
30.	20 janvier.

Le 10 pluv. XXXIV eût rép. au	30 janv. 1826.
20	9 février.
30	19 février.
10 ventôse.	1 mars.
20	11 mars.
30	21 mars.
10 germinal.	31 mars.
20	10 avril.
30	20 avril.
10 floréal.	30 avril.
20	10 mai.
30	20 mai.
10 prairial.	30 mai.
20	9 juin.
30	19 juin.
10 messidor.	29 juin.
20	9 juillet.
30	19 juillet.
10 thermidor.	29 juillet.
20	8 août.
30	18 août.
10 fructidor.	28 août.
20	7 septembre.
30	17 septembre.
10 vendémiaire XXXV.	2 octobre.
20	12 octobre.
30	22 octobre.
10 brumaire.	1 novembre.
20	11 novembre.
30	21 novembre.
10 frimaire.	1 décembre.
20	11 décembre.
30	21 décembre.
10 nivôse.	31 décembre.
20	10 janv. 1827.
30	20 janvier.

Le 10 pluv. XXXV eût rép. au 30 janv. 1827.
20 .... 9 février.
30 .... 19 février.
10 ventôse. 1 mars.
20 .... 11 mars.
30 .... 21 mars.
10 germinal. 31 mars.
20 .... 10 avril.
30 .... 20 avril.
10 floréal. 30 avril.
20 .... 10 mai.
30 .... 20 mai.
10 prairial. 30 mai.
20 .... 9 juin.
30 .... 19 juin.
10 messidor. 29 juin.
20 .... 9 juillet.
30 .... 19 juillet.
10 thermidor. 29 juillet.
20 .... 8 août.
30 .... 18 août.
10 fructidor. 28 août.
20 .... 7 septembre.
30 .... 17 septembre.
10 vendémiaire XXXVI. 3 octobre.
20 .... 13 octobre.
30 .... 23 octobre.
10 brumaire. 2 novembre.
20 .... 12 novembre.
30 .... 22 novembre.
10 frimaire. 2 décembre.
20 .... 12 décembre.
30 .... 22 décembre.
10 nivôse. 1 janv. 1828.
20 .... 11 janvier.
30 .... 21 janvier.

Le 10 pluv. XXXVI eût rép. au	31 janv. 1828.
20	10 février.
30	20 février.
10 ventôse.	1 mars.
20	11 mars.
30	21 mars.
10 germinal.	31 mars.
20	10 avril.
30	20 avril.
10 floréal.	30 avril.
20	10 mai.
30	20 mai.
10 prairial.	30 mai.
20	9 juin.
30	19 juin.
10 messidor.	29 juin.
20	9 juillet.
30	19 juillet.
10 thermidor.	29 juillet.
20	8 août.
30	18 août.
10 fructidor.	28 août.
20	7 septembre.
30	17 septembre.
10 vendémiaire XXXVII.	2 octobre.
20	12 octobre.
30	22 octobre.
10 brumaire.	1 novembre.
20	11 novembre.
30	21 novembre.
10 frimaire.	1 décembre.
20	11 décembre.
30	21 décembre.
10 nivôse.	31 décembre.
20	10 janv. 1829.
30	20 janv.

Le 10 pluv. XXXVII eût rép. au	30 janv. 1829.
20	9 février.
30	19 février.
10 ventôse.	1 mars.
20	11 mars.
30	21 mars.
10 germinal.	31 mars.
20	10 avril.
30	20 avril.
10 floréal.	30 avril.
20	10 mai.
30	20 mai.
10 prairial.	30 mai.
20	9 juin.
30	19 juin.
10 messidor.	29 juin.
20	9 juillet.
30	19 juillet.
10 thermidor.	29 juillet.
20	8 août.
30	18 août.
10 fructidor.	28 août.
20	7 septembre.
30	17 septembre.
10 vendémiaire XXXVIII.	2 octobre.
20	12 octobre.
30	22 octobre.
10 brumaire.	1 novembre.
20	11 novembre.
30	21 novembre.
10 frimaire.	1 décembre.
20	11 décembre.
30	21 décembre.
10 nivôse.	31 décembre.
20	10 janv. 1830.
30	20 janvier.

Le 10 pluv. XXXVIII eût rép. au	30 janv. 1830.
20	9 février.
30	19 février.
10 ventôse.	1 mars.
20	11 mars.
30	21 mars.
10 germinal.	31 mars.
20	10 avril.
30	20 avril.
10 floréal.	30 avril.
20	10 mai.
30	20 mai.
10 prairial.	30 mai.
20	9 juin.
30	19 juin.
10 messidor.	29 juin.
20	9 juillet.
30	19 juillet.
10 thermidor.	29 juillet.
20	8 août.
30	18 août.
10 fructidor.	28 août.
20	7 septembre.
30	17 septembre.
10 vendémiaire XXXIX.	2 octobre.
20	12 octobre.
30	22 octobre.
10 brumaire.	1 novembre.
20	11 novembre.
30	21 novembre.
10 frimaire.	1 décembre.
20	11 décembre.
30	21 décembre.
10 nivôse.	31 décembre.
20	10 janv. 1831.
30	20 janvier.

Le 10 pluv. XXXIX eût rép. au 30 janv. 1831.
20 .... 9 février.
30 .... 19 février.
10 ventôse. 1 mars.
20 .... 11 mars.
30 .... 21 mars.
10 germinal. 31 mars.
20 .... 10 avril.
30 .... 20 avril.
10 floréal. 30 avril.
20 .... 10 mai.
30 .... 20 mai.
10 prairial. 30 mai.
20 .... 9 juin.
30 .... 19 juin.
10 messidor. 29 juin.
20 .... 9 juillet.
30 .... 19 juillet.
10 thermidor. 29 juillet.
20 .... 8 août.
30 .... 18 août.
10 fructidor. 28 août.
20 .... 7 septembre.
30 .... 17 septembre.
10 vendémiaire XL. 3 octobre.
20 .... 13 octobre.
30 .... 23 octobre.
10 brumaire. 2 novembre.
20 .... 12 novembre.
30 .... 22 novembre.
10 frimaire. 2 décembre.
20 .... 12 décembre.
30 .... 22 décembre.
10 nivôse. 1 janv. 1832.
20 .... 11 janvier.
30 .... 21 janvier.

Le 10 pluviôse XL eût rép. au 31 janv. 1832.
20........................10 février.
30........................20 février.
10 ventôse. 1 mars.
20........................11 mars.
30........................21 mars.
10 germinal. 31 mars.
20........................10 avril.
30........................20 avril.
10 floréal. 30 avril.
20........................10 mai.
30........................20 mai.
10 prairial. 30 mai.
20........................ 9 juin.
30........................19 juin.
10 messidor. 29 juin.
20........................ 9 juillet.
30........................19 juillet.
10 thermidor. 29 juillet.
20........................ 8 août.
30........................18 août.
10 fructidor. 28 août.
20........................ 7 septembre.
30........................17 septembre.
10 vendémiaire XLI. 2 octobre.
20........................12 octobre.
30........................22 octobre.
10 brumaire. 1 novembre.
20........................11 novembre.
30........................21 novembre.
10 frimaire. 1 décembre.
20........................11 décembre.
30........................21 décembre.
10 nivôse. 31 décembre.
20........................10 janv. 1833.
30........................20 janvier.

Le 10 pluviôse XLI eût rép. au 30 janv. 1833.
20 .... 9 février.
30 .... 19 février.
10 ventôse. 1 mars.
20 .... 11 mars.
30 .... 21 mars.
10 germinal. 31 mars.
20 .... 10 avril.
30 .... 20 avril.
10 floréal. 30 avril.
20 .... 10 mai.
30 .... 20 mai.
10 prairial. 30 mai.
20 .... 9 juin.
30 .... 19 juin.
10 messidor. 29 juin.
20 .... 9 juillet.
30 .... 19 juillet.
10 thermidor. 29 juillet.
20 .... 8 août.
30 .... 18 août.
10 fructidor. 28 août.
20 .... 7 septembre.
30 .... 17 septembre.
10 vendémiaire XLII. 2 octobre.
20 .... 12 octobre.
30 .... 22 octobre.
10 brumaire. 1 novembre.
20 .... 11 novembre.
30 .... 21 novembre.
10 frimaire. 1 décembre.
20 .... 11 décembre.
30 .... 21 décembre.
10 nivôse. 31 décembre.
20 .... 10 janv. 1834.
30 .... 20 janvier.

VENDÉMIAIRE. 1er Mois.		BRUMAIRE. 2e Mois.		FRIMAIRE. 3e Mois.	
Jours du mois.	Productions naturelles et instrumens ruraux.	Jours du mois.	Productions naturelles et instrumens ruraux.	Jours du mois.	Productions naturelles et instrumens ruraux.
1	Raisin.	1	Pomme.	1	Raiponce.
2	Safran.	2	Céleri.	2	Turneps.
3	Châtaigne.	3	Poire.	3	Chicorée.
4	Colchique.	4	Betterave.	4	Nèfle.
5	CHEVAL.	5	OIE.	5	COCHON.
6	Balsamine.	6	Héliotrope.	6	Mâche.
7	Carotte.	7	Figue.	7	Chou-fleur.
8	Amarante.	8	Scorsonère.	8	Miel.
9	Panais.	9	Alizier.	9	Genièvre.
10	CUVE.	10	CHARRUE.	10	PIOCHE.
11	Pomme de terre	11	Salsifis.	11	Cire.
12	Immortelle.	12	Macre.	12	Raifort.
13	Potiron.	13	Topinambour.	13	Cèdre.
14	Réséda.	14	Endive.	14	Sapin.
15	ANE.	15	DINDON.	15	CHEVREUIL.
16	Belle-de-nuit.	16	Chervi,	16	Ajonc.
17	Citrouille.	17	Cresson.	17	Cyprès.
18	Sarrasin.	18	Dentelaire.	18	Lierre.
19	Tournesol.	19	Grenade.	19	Sabine.
20	PRESSOIR.	20	HERSE.	20	HOYAU.
21	Chanvre.	21	Bacchante.	21	Érable-sucre.
22	Pêche.	22	Azerole.	22	Bruyère.
23	Navet.	23	Garance.	23	Roseau.
24	Amaryllis.	24	Orange.	24	Oseille.
25	BOEUF.	25	FAISAN.	25	GRILLON.
26	Aubergine.	26	Pistache.	26	Pignon.
27	Piment.	27	Macjonc.	27	Liége.
28	Tomate.	28	Coing.	28	Truffe.
29	Orge.	29	Cormier.	29	Olive.
30	TONNEAU.	30	ROULEAU.	30	PELLE.

NIVOSE. 4e Mois.		PLUVIOSE. 5e Mois.		VENTOSE. 6e Mois.	
Jours du mois.	Productions naturelles et instrumens ruraux.	Jours du mois.	Productions naturelles et instrumens ruraux.	Jours du mois.	Productions naturelles et instrumens ruraux.
1	Tourbe.	1	Lauréole.	1	Tussilage.
2	Houille.	2	Mousse.	2	Cornouiller.
3	Bitume.	3	Fragon.	3	Violier.
4	Soufre.	4	Perce-neige.	4	Troène.
5	Chien.	5	Taureau.	5	Bouc.
6	Lave.	6	Laurier-thym.	6	Asaret.
7	Terre végétale.	7	Amadouvier.	7	Alaterne.
8	Fumier.	8	Mézéréon.	8	Violette.
9	Salpêtre.	9	Peuplier.	9	Marceau.
10	FLÉAU.	10	COGNÉE.	10	BÊCHE.
11	Granite.	11	Ellébore.	11	Narcisse.
12	Argile.	12	Brocoli.	12	Orme.
13	Ardoise.	13	Laurier.	13	Fumeterre.
14	Grès.	14	Avelinier.	14	Vélar.
15	Lapin.	15	Vache.	15	Chèvre.
16	Silex.	16	Buis.	16	Epinards.
17	Marne.	17	Lichen.	17	Doronic.
18	Pierre à chaux.	18	If.	18	Mouron.
19	Marbre.	19	Pulmonaire.	19	Cerfeuil.
20	VAN.	20	SERPETTE.	20	CORDEAU.
21	Pierre à plâtre.	21	Thlaspi.	21	Mandragore.
22	Sel.	22	Thymelé.	22	Persil.
23	Fer.	23	Chiendent.	23	Cochléaria.
24	Cuivre.	24	Traînasse.	24	Pâquerette.
25	Chat.	25	Lièvre.	25	Thon.
26	Etain.	26	Guède.	26	Pissenlit.
27	Plomb.	27	Noisetier.	27	Sylvie.
28	Zinc.	28	Ciclamen.	28	Capillaire.
29	Mercure.	29	Chélidoine.	29	Frêne.
30	CRIBLE.	30	TRAINEAU.	30	PLANTOIR.

GERMINAL. 7e Mois.		FLORÉAL. 8e Mois.		PRAIRIAL. 9e Mois.	
Jours du mois.	Productions naturelles et instrumens ruraux.	Jours du mois.	Productions naturelles et instrumens ruraux.	Jours du mois.	Productions naturelles et instrumens ruraux.
1	Primevère.	1	Rose.	1	Luzerne.
2	Platane.	2	Chêne.	2	Hémérocalle.
3	Asperge.	3	Fougère.	3	Trèfle.
4	Tulipe.	4	Aubépine.	4	Angélique.
5	Poule.	5	Rossignol.	5	Canard.
6	Blette.	6	Ancolie.	6	Mélisse.
7	Bouleau.	7	Muguet.	7	Fromental.
8	Jonquille.	8	Champignon.	8	Martagon.
9	Aulne.	9	Hyacinthe.	9	Serpolet.
10	COUVOIR.	10	RATEAU.	10	FAUX.
11	Pervenche.	11	Rhubarbe.	11	Fraise.
12	Charme.	12	Sainfoin.	12	Bétoine.
13	Morille.	13	Bâton-d'or.	13	Pois.
14	Hêtre.	14	Chamérisier.	14	Acacia.
15	Abeille.	15	Ver-a-soie.	15	Caille.
16	Laitue.	16	Consoude.	16	OEillet.
17	Mélèse.	17	Pimprenelle.	17	Sureau.
18	Ciguë.	18	Corbeille-d'or.	18	Pavot.
19	Radis.	19	Arroche.	19	Tilleul.
20	RUCHE.	20	SARCLOIR.	20	FOURCHE.
21	Gaînier.	21	Staticée.	21	Barbeau.
22	Romaine.	22	Fritillaire.	22	Camomille.
23	Marronnier.	23	Bourrache.	23	Chèvre-feuille.
24	Roquette.	24	Valériane.	24	Caille-lait.
25	Pigeon.	25	Carpe.	25	Tanche.
26	Lilas.	26	Fusain.	26	Jasmin.
27	Anémone.	27	Civette.	27	Verveine.
28	Pensée.	28	Buglose.	28	Thym.
29	Myrtille.	29	Sénevé.	29	Pivoine.
30	GREFFOIR.	30	HOULETTE.	30	CHARIOT.

	MESSIDOR. 10e Mois.		THERMIDOR. 11e Mois.		FRUCTIDOR. 12e Mois.
Jours du mois.	Productions naturelles et instrumens ruraux.	Jours du mois.	Productions naturelles et instrumens ruraux.	Jours du mois.	Productions naturelles et instrumens ruraux.
1	Seigle.	1	Épeautre.	1	Prune.
2	Avoine.	2	Bouillon-blanc.	2	Millet.
3	Ognon.	3	Melon.	3	Lycoperde.
4	Véronique.	4	Ivraie.	4	Escourgeon.
5	MULET.	5	BÉLIER.	5	SAUMON.
6	Romarin.	6	Prêle.	6	Tubéreuse.
7	Concombre.	7	Armoise.	7	Sucrion.
8	Échalottes.	8	Carthame.	8	Apocyn.
9	Absinthe.	9	Mûres.	9	Réglisse.
10	FAUCILLE.	10	ARROSOIR.	10	ECHELLE.
11	Coriandre.	11	Panis.	11	Pastèque.
12	Artichaut.	12	Salicor.	12	Fenouil.
13	Giroflée.	13	Abricot.	13	Épine-vinette.
14	Lavande.	14	Basilic.	14	Noix.
15	CHAMOIS.	15	BREBIS.	15	TRUITE.
16	Tabac.	16	Guimauve.	16	Citron.
17	Groseille.	17	Lin.	17	Cardière.
18	Gesse.	18	Amande.	18	Nerprun.
19	Cerise.	19	Gentiane.	19	Tagette.
20	PARC.	20	ÉCLUSE.	20	HOTTE.
21	Menthe.	21	Carline.	21	Églantier.
22	Cumin.	22	Caprier.	22	Noisette.
23	Haricots.	23	Lentille.	23	Houblon.
24	Orcanète.	24	Aunée.	24	Sorgo.
25	PINTADE.	25	LOUTRE.	25	ÉCREVISSE.
26	Sauge.	26	Myrte.	26	Bigarade.
27	Ail.	27	Colza.	27	Verge-d'or.
28	Vesce.	28	Lupin.	28	Maïs.
29	Blé.	29	Coton.	29	Marron.
30	CHALÉMIE.	30	MOULIN.	30	PANIER.

SANS-CULOTIDES.

FÊTES.

1	De la Vertu.
2	Du Génie.
3	Du Travail.
4	De l'Opinion.
5	Des Récompenses.

SÉNATUS-CONSULTE

SUR LE RÉTABLISSEMENT

DU CALENDRIER GRÉGORIEN.

Du 22 Fructidor an XIII.

(*Bulletin des Lois*, n° 56.)

NAPOLÉON, par la grâce de Dieu et les constitutions de la République, EMPEREUR DES FRANÇAIS, à tous présens et à venir, SALUT.

Le Sénat, après avoir entendu les orateurs du Conseil d'État, a décrété et nous ORDONNONS ce qui suit :

Extrait des registres du Sénat conservateur, du lundi 22 fructidor an XIII.

SÉNATUS-CONSULTE.

LE Sénat conservateur, réuni au nombre de membres prescrit par l'article XC de l'acte des constitutions du 22 frimaire an VIII ;

Vu le projet de sénatus-consulte, rédigé en la forme prescrite par l'article LVII de l'acte des constitutions du 16 thermidor an X ;

Après avoir entendu, sur les motifs dudit projet, les orateurs du Gouvernement, et le rapport de la commission spéciale nommée dans la séance du 15 de ce mois, décrète ce qui suit :

Art. Ier. A compter du 11 nivôse prochain, premier janvier 1806, le calendrier grégorien sera mis en usage dans tout l'Empire français.

II. Le présent sénatus-consulte sera transmis par un message à Sa Majesté Impériale.

Les président et secrétaires, *signé* François (de Neufchâteau), *président* ; Colaud, Porcher, *secrétaires.* Vu et scellé, *le chancelier du Sénat*, signé Laplace.

Mandons et ordonnons que les présentes, revêtues des sceaux de l'État, insérées au Bulletin des Lois, soient adressées aux Cours, aux Tribunaux et aux Autorités administratives, pour qu'ils les inscrivent dans leurs registres, les observent et les fassent observer ; et notre Grand-Juge Ministre de la justice est chargé d'en surveiller la publication.

Donné au palais impérial de Saint-Cloud, le 24 fructidor an XIII, de notre règne le second.

Signé NAPOLÉON.

Vu par nous Archi-Chancelier de l'Empire,

Signé Cambacérès.

Par l'Empereur,

Le Secrétaire d'Etat,

Signé Hugues B. Maret.

Le Grand-Juge Ministre de la Justice,

Signé Regnier.

Motifs du sénatus-consulte présenté au Sénat conservateur, dans sa séance du 15 fructidor, par MM. Regnaud (de Saint-Jean-d'Angely) et Mounier, orateurs du Gouvernement.

MESSIEURS,

Tous les changemens, toutes les réformes que la politique a approuvés lorsque le génie les a conçus, que les mœurs ont sanctionnés lorsque les lois les ont consacrés, que les nations étrangères commenceront par envier et finiront par emprunter à la nation française, sont et seront toujours soigneusement maintenus par l'administration, fortement protégés par le Gouvernement.

Tel est, par exemple, l'établissement des nouveaux poids et mesures, que défendront toujours contre la routine, l'obstination, ou l'ignorance, l'unanimité de l'opinion des savans, la base invariable de leur travail, la nature même de cette base, qui est commune à toutes les nations, les avantages de la division pour les calculs, enfin le besoin de l'uniformité pour l'Empire, et tôt ou tard le besoin de l'uniformité pour le monde.

Mais parmi les établissemens dont l'utilité a été niée, dont la perfection a été contestée, dont les avantages sont demeurés douteux, il n'en est point qui ait éprouvé de contradiction plus forte, de résistance plus opiniâtre que le nouveau Calendrier décrété le 5 octobre 1793, et régularisé par la loi du 4 frimaire an II.

Il fut imaginé dans la vue de donner aux Français un Calendrier purement civil; et qui, n'étant subordonné aux pratiques d'aucun culte, convînt également à tous.

Cependant, quand la première idée de la division décadaire fut proposée au nom du comité d'instruction publique de la Convention, à un comité de géomètres et d'astronomes pris dans l'Académie des Sciences, cette innovation fut unanimement désapprouvée et combattue par des raisons qu'il est inutile de rappeler, puisque la division par semaine est déjà rétablie, et que l'opposition des savans portoit sur la difficulté et les inconvéniens de sa suppression.

Cette substitution de la semaine à la décade a déjà fait perdre au calendrier français un de ses avantages les plus usuels, c'est-à-dire, cette correspondance constante entre le quantième du mois et celui de la décade. En effet, le nombre 7 n'étant diviseur ni des nombres de jours du mois ni de celui des jours de l'année, il est impossible, dans le Calendrier français qui, en cela ressemble à tous les autres, d'établir une règle tant soit peu commode pour trouver le quantième du mois par celui de la semaine, ou réciproquement.

Les avantages qui restent encore au Calendrier français, ne seroient pas pourtant à dédaigner : la longueur uniforme des mois composés constamment de 30 jours; les saisons qui commencent avec le mois, et ces terminaisons symétriques qui font apercevoir à quelle saison chaque mois appartient, sont des idées simples et commodes qui assureraient au Calendrier français une préférence incontestable sur le Calendrier romain, si on les proposait aujourd'hui tous deux pour la première fois ; ou, pour mieux dire, personne n'oserait aujourd'hui proposer le Calendrier romain, s'il était nouveau.

Dans le Calendrier français on voit une division sage et régulière, fondée sur la connaissance exacte de l'année et du cours du soleil, tandis que dans le Calendrier romain on voit, sans aucun ordre, des mois de 28, 29, 30 et 31 jours, des mois qui se partagent entre des saisons différentes ; enfin le commencement de l'année y est fixé, non pas à un équinoxe ou à un solstice, mais 9 ou 10 jours après le solstice d'hiver.

Dans ces institutions bizarres on trouve l'empreinte des superstitions et des erreurs qui ont successivement entravé ou même dirigé les réformateurs successifs du Calendrier, Numa, Jules-César et Grégoire XIII.

C'est, par exemple, pour ne rien ajouter à la longueur d'un mois consacré aux mânes et aux expiations, que février n'eut que 28 jours; c'est pour d'autres raisons aussi vaines, que Numa avoit fait tous les autres mois d'un nombre impair de jours.

C'est par respect pour ces préjugés, et pour ne pas déplacer certaines fêtes, que Jules-César, en corrigeant la longueur de l'année solaire, ne toucha point au mois de février, ce qui lui donnait 7 jours à répartir entre les onze autres mois; et c'est de là qu'est venue la nécessité d'avoir plusieurs mois de 31 jours de suite, comme ceux de juillet et août, décembre et janvier.

Enfin, c'est parce que le concile de Nicée, où l'on ignorait la vraie longueur de l'année et l'anticipation des équinoxes dans le Calendrier Julien, avait établi, pour la célébration de la Pâque, une règle devenue impraticable par le laps du temps; et c'est par l'importance que Grégoire XIII mit à assurer à jamais l'exécution du canon du concile, relatif à la fête de Pâques, qu'il entreprit sa réformation.

Tous les embarras de ce Calendrier sont venus de ce qu'il fut commencé dans un temps où, par ignorance de l'année solaire, on était forcé de se régler sur la lune, et de ce qu'ensuite, lorsqu'on eut une connaissance moins inexacte du cours du soleil, on ne voulut pas renoncer tout-à-fait à l'année lunaire, pour ne point déranger l'ordre des fêtes réglées primitivement sur la lune.

Rien de plus simple que l'année civile, qui depuis long-temps est purement solaire; rien de plus inutilement compliqué que l'année ecclésiastique, qui est luni-solaire.

Ce n'est pas que le Calendrier français soit lui-même à l'abri de tout reproche, ni qu'il ait toute la perfection désirable, perfection qu'il était si facile de lui donner, s'il eût été l'ouvrage de la raison tranquille.

Il a deux défauts essentiels :

Le premier et le plus grave, est la règle prescrite pour les sextiles, qu'on a fait dépendre du cours vrai et inégal du soleil, au lieu de les placer à des intervalles fixes. Il en résulte que, sans être un peu astronome, on ne peut savoir précisément le nombre de jours qu'on doit donner à chaque année, et que tous les astronomes réunis seraient, en certaines circonstances, assez embarrassés pour déterminer à quel jour telle année doit commencer, ce qui a lieu quand l'équinoxe arrive tout près de minuit.

Il n'existe encore aucun instrument, aucun moyen assez précis pour lever le doute en ces circonstances; la décision dépendrait de savoir à quelles tables astronomiques on donnerait la préférence, et ces tables changent perpétuellement.

Ce défaut, peu sensible pour les contemporains, a les conséquences les plus graves pour la chronologie : il pourrait toutefois se corriger avec facilité ; il suffirait de supprimer l'art. III de la loi qui a réglé ce Calendrier, et d'ordonner qu'à commencer de l'an XVI les sextiles se succédassent de quatre ans en quatre ans ; les années séculaires de quatre cents ans en quatre cents ans.

Cette correction, réclamée par les géomètres et les astronomes, avait été accueillie par Romme, l'un des principaux auteurs du Calendrier ; il en avait fait la matière d'un rapport et d'un projet de loi, imprimé et distribué le jour même de la mort de son auteur, et que cette raison seule a empêché d'être présenté à la Convention.

Mais un défaut plus important du Calendrier français est dans l'époque assignée pour le commencement de l'année. On aurait dû, pour contrarier moins nos habitudes et les usages reçus, le fixer au solstice d'hiver, ou bien à l'équinoxe du printemps, c'est-à-dire, au passage du soleil par le point d'où tous les astronomes de tous les temps et de tous les pays ont compté les mouvemens célestes.

On a préféré l'équinoxe d'automne pour éterniser le souvenir d'un changement qui a inquiété toute l'Europe ; qui, loin d'avoir l'assentiment de tous les Français, a signalé nos discordes civiles ; et c'est du nouveau Calendrier qu'ont daté en même temps la gloire de nos camps et les malheurs de nos cités.

Il n'en fallait pas davantage pour faire rejeter éternellement ce Calendrier par toutes les nations rivales, et même par une partie de la nation française.

C'est la sage objection qu'on fit dans le temps, et qu'on fit en vain aux auteurs du Calendrier : « Vous « avez, leur disait-on, l'ambition de faire adopter un « jour par tous les peuples votre système des poids et « mesures, et pour cela vous ménagez tous les amours- « propres. Rien dans ce système ne laissera voir qu'il est « l'ouvrage des Français. Vous faites choix d'un module « qui appartient également à toutes les nations.

« Eh bien ! il existe en Europe et en Amérique une « mesure universelle qui ne doit pas plus appartenir à « une nation qu'à une autre, et dont toutes, presque « toutes du moins, sont convenues ; c'est la mesure du « temps, et vous voulez la détruire, et vous mettez à la « place une ère qui a pour origine une époque particu- « lière de votre histoire ; époque qui n'est pas jugée, et « sur laquelle les siècles seuls prononceront.

« Les Français eux-mêmes, ajoutait-on, divisés d'opi- « nion sur l'institution que vous voulez consacrer, « résisteront à l'établissement de votre Calendrier. Il sera « repoussé par tous les peuples qui cesseront de vous « entendre, et que vous n'entendrez plus, à moins que « vous n'ayez deux calendriers à la fois, ce qui est beau- « coup plus incommode que de n'en avoir qu'un seul, « fût-il plus mauvais encore que le Calendrier nouveau. »

Cette prédiction, Messieurs, s'est accomplie ; nous avons en effet deux calendriers en France. Le Calendrier français n'est employé que dans les actes du Gouvernement, ou dans les actes civils, publics ou particuliers qui sont réglés par la loi ; dans les relations sociales, le

Calendrier romain est resté en usage ; dans l'ordre religieux, il est nécessairement suivi, et la double date est ainsi constamment employée.

Si pourtant, Messieurs, ce Calendrier avoit la perfection qui lui manque ; si les deux vices essentiels que j'ai relevés plus haut ne s'y trouvoient pas, S. M. IMPÉRIALE et ROYALE ne se seroit pas décidée à en proposer l'abrogation.

Elle eût attendu du temps, qui fait triompher la raison des préjugés, la vérité de la prévention, l'utilité de la routine, l'occasion de faire adopter par toute l'Europe, par tous les peuples civilisés, un meilleur système de mesure des années, comme on peut se flatter qu'elle adoptera un jour un meilleur système des mesures des espaces et des choses.

Mais les défauts de notre Calendrier ne lui permettaient pas d'aspirer à l'honneur de devenir le Calendrier européen. Ses auteurs n'ont pas profité des leçons qu'après l'histoire, les savans contemporains leur avaient données. Il faut, quand on veut travailler pour le monde et les siècles, oublier le jour que l'on compte, le lieu où l'on est, les hommes qui nous entourent ; il faut ne consulter que la sagesse, ne céder qu'à la raison, ne voir que l'avenir.

En méconnaissant ces principes, on ne fait que montrer des institutions passagères, auxquelles l'opinion résiste, que l'habitude combat même chez les peuples pour qui elles sont faites ; et qu'au dehors la raison repousse une innovation sans utilité, comme une difficulté à vaincre sans bienfaits à recueillir.

Le Calendrier grégorien, auquel S. M. vous propose, Messieurs, de revenir, a l'avantage inappréciable d'être commun à presque tous les peuples de l'Europe.

Long-temps, à la vérité, les protestans le repoussèrent ; les Anglais, en haine du culte romain, l'ont rejeté jusqu'en 1753 ; les Russes ne le reconnaissent pas encore : mais, tel qu'il est, il peut être regardé comme le Calendrier commun de l'Europe, tandis que le nôtre nous mettait pour ainsi dire en scission avec elle, et en opposition avec nous-mêmes ; puisque le Calendrier grégorien était resté en concurrence avec le nouveau ; puisqu'il était constamment dans nos usages et dans nos mœurs, quand le Calendrier français n'était que dans nos lois et nos actes publics.

Dans cette position, Messieurs, SA MAJESTÉ a cru qu'il vous appartenait de rendre à la France, pour ses actes constitutionnels, législatifs et civils, l'usage du Calendrier qu'elle n'a pas cessé d'employer en concurrence avec celui qui lui fut donné en 1793, et dont l'abrogation de la division décimale avait fait disparaître les principaux avantages.

Quand vous aurez consacré le principe, les détails d'application seront réglés suivant les besoins du Gouvernement et de l'administration.

Un jour viendra, sans doute, où l'Europe calmée, rendue à la paix, à ses conceptions utiles, à ses études savantes, sentira le besoin de perfectionner les institutions sociales, de rapprocher les peuples, en leur rendant ces institutions communes; où elle voudra marquer une ère mémorable par une manière générale et plus parfaite de mesurer le temps.

Alors un nouveau calendrier pourra se composer pour l'Europe entière, pour l'univers politique et commerçant, des débris perfectionnés de celui auquel la France renonce en ce moment, afin de ne pas s'isoler au milieu de l'Europe; alors les travaux de nos savans se trouveront préparés d'avance, et le bienfait d'un système commun sera encore leur ouvrage.

Rapport fait au Sénat, dans sa séance du 22 fructidor an XIII, par M. le Sénateur Laplace, au nom d'une commission spéciale nommée dans la séance du 15 pour l'examen du projet de Sénatus-consulte portant rétablissement du Calendrier grégorien.

SÉNATEURS,

Le projet de Sénatus-consulte qui vous a été présenté dans la dernière séance, et sur lequel vous allez délibérer, a pour but de rétablir en France le Calendrier grégorien, à compter du 11 nivôse prochain, 1er janvier 1806. Il ne s'agit point ici d'examiner quel est de tous les calendriers possibles le plus naturel et le plus simple. Nous dirons seulement que ce n'est ni celui qu'on veut abandonner, ni celui qu'on propose de reprendre. L'orateur du Gouvernement vous a développé avec beaucoup de soin leurs inconvéniens et leurs avantages. Le principal défaut du Calendrier actuel est dans son mode d'intercalation. En fixant le commencement de l'année au minuit qui précède à l'Observatoire de Paris l'équinoxe vrai d'automne, il remplit, à la vérité, de la manière la plus rigoureuse, la condition d'attacher constamment à la même saison l'origine des années; mais alors elles cessent d'être des périodes du temps régulières et faciles à décomposer en jours, ce qui doit répandre de la confusion sur la chronologie, déjà trop embarrassée par la multitude des ères. Les astronomes, pour qui ce défaut est très sensible, en ont plusieurs fois sollicité la réforme. Avant que la première année bissextile s'introduisît dans le nouveau Calendrier, ils proposèrent au comité d'instruction publique de la Convention nationale d'adopter une intercalation régulière, et leur demande fut accueillie favorablement. A cette époque, la Convention revenue à de bons principes, et s'occupant de l'instruction et du progrès des lumières, montrait aux savans une considération et une déférence dont ils conservent le souvenir. Ils se rappelleront toujours avec une vive reconnaissance que plusieurs de ses membres, par un noble dévouement au milieu des orages de la révolution, ont préservé d'une destruction totale les monumens des sciences et des arts. Romme, principal auteur du nouveau Calendrier, convoqua plusieurs savans; il rédigea, de concert avec eux, le projet d'une loi par laquelle on substituait un mode régulier d'intercalation, au mode précédemment établi; mais enveloppé peu de jours après dans un événement affreux, il périt, et son projet de loi fut abandonné. Il faudrait cependant y revenir, si l'on conservait le Calendrier actuel qui, changé par là dans un de ses élémens les plus essentiels, offrirait toujours l'irrégularité d'une première bissextile placée dans la troisième année. La suppression des décades lui a fait éprouver un changement plus considérable. Elles donnaient la facilité de retrouver à tous les instans le quantième du mois; mais à la fin de chaque année, les jours complémentaires troublaient l'ordre de choses attaché aux divers jours de la décade; ce qui nécessitait alors des mesures administratives. L'usage d'une petite période indépendante des mois et des années, telle que la semaine, obvie à cet inconvénient; et déjà l'on a rétabli en France cette période, qui, depuis la plus haute antiquité dans laquelle se perd son origine, circule sans interruption à travers les siècles, en se mêlant aux calendriers successifs des différens peuples.

Mais le plus grave inconvénient du nouveau Calendrier, est l'embarras qu'il produit dans nos relations extérieures, en nous isolant, sous ce rapport, au milieu de l'Europe; ce qui subsisterait toujours; car nous ne devons pas espérer que ce Calendrier soit jamais universellement admis. Son époque est uniquement relative à notre histoire; l'instant où son année commence est placé d'une manière désavantageuse, en ce qu'il partage et répartit sur deux années les mêmes opérations et les mêmes travaux : il a les inconvéniens qu'introduirait dans la vie civile, le jour commençant à midi suivant l'usage des astronomes. D'ailleurs, cet instant se rapporte au seul méridien de Paris. En voyant chaque peuple compter de son principal observatoire les longitudes géographiques, peut-on croire qu'ils s'accorderont tous à rapporter au nôtre le commencement de leur année ? Il a fallu deux siècles et toute l'influence de la religion, pour faire adopter généralement le Calendrier grégorien. C'est dans cette universalité si désirable, si difficile à obtenir, et qu'il importe de conserver lorsqu'elle est acquise, que consiste son plus grand avantage. Ce Calendrier est maintenant celui de presque tous les peuples d'Europe et d'Amérique : il fut long-temps celui de la France; présentement il règle nos fêtes religieuses; et c'est d'après lui que nous comptons les siècles. Sans doute il a plusieurs défauts considérables; la longueur de ses mois est inégale et bizarre; l'origine de l'année n'y correspond à celle d'aucune des saisons; mais il remplit bien le principal objet d'un calendrier, en se décomposant facilement en jours, et en conservant à très peu près le commencement de l'année moyenne, à la même distance de l'équinoxe. Son mode d'intercalation est commode et simple. Il se réduit, comme on sait, à intercaler une bissextile tous les quatre ans; à la supprimer à la fin de chaque siècle, pendant trois siècles consécutifs, pour la rétablir au quatrième; et si, en suivant cette analogie, on supprime encore une bissextile tous les quatre mille ans, il sera fondé sur la vraie longueur de l'année. Mais, dans son état actuel, il faudrait quarante siècles pour éloigner seulement d'un jour l'origine de l'année moyenne, de sa véritable origine. Aussi les savans français n'ont jamais cessé d'y assujettir leurs tables astronomiques, devenues par leur extrême précision la base des éphémérides de toutes les nations éclairées.

On pourrait craindre que le retour à l'ancien Calendrier ne fût bientôt suivi du rétablissement des anciennes mesures. Mais l'orateur du Gouvernement a pris soin lui-même de dissiper cette crainte. Comme lui, nous sommes persuadés que, loin de rétablir le nombre prodigieux de mesures différentes qui couvraient le sol de la France, et entravaient son commerce intérieur, le Gouvernement, bien convaincu de l'utilité d'un système unique de mesures et de la perfection du système métrique, prendra les moyens les plus efficaces pour en accélérer l'usage, et pour vaincre la résistance que lui opposent encore les anciennes habitudes, qui déjà s'effacent de jour en jour.

D'après toutes ces considérations, votre commission vous propose, à l'unanimité, l'adoption du projet de Sénatus-consulte présenté par le Gouvernement.

FIN.

www.ingramcontent.com/pod-product-compliance
Ingram Content Group UK Ltd.
Pitfield, Milton Keynes, MK11 3LW, UK
UKHW022055260726
13993UKWH00001B/125

9 782019 996826